Eugen Egner
Aus der Welt der Menschen

Eugen Egner

Aus der Welt der Menschen

Gesammelte Prosa
&
Bildergeschichten

ZWEITAUSENDEINS

Jeder Auflage dieses Buches liegt eine jeweils neue,
hier erstveröffentlichte Grafik von Eugen Egner bei,
die der Autor handsigniert hat.

1. Auflage, Oktober 2001 mit der Zeichnung »Wir wollen Tee trinken ...«.
2. Auflage, Januar 2003 mit der Zeichnung »Von seinem Versteck aus ...«.

Lektorat: Heiko Arntz, Zürich.
Einband- und Umschlaggestaltung sowie Satz und Herstellung:
Johannes Paus, Dieter Kohler GmbH, Nördlingen.
Druck: Gutmann + Co, Talheim.
Einband: G. Lachenmaier, Reutlingen.
Coverzeichnung und Buchschmuck: Eugen Egner.
Printed in Germany.

Dieses Buch gibt es nur bei Zweitausendeins im Versand, Postfach,
D-60381 Frankfurt am Main, Telefon 069-420 8000, Fax 069-415 003.
Internet www.Zweitausendeins.de, E-Mail info@Zweitausendeins.de.
Oder in den Zweitausendeins-Läden in Berlin, Düsseldorf,
Essen, Frankfurt am Main, Freiburg, 2× in Hamburg, in Hannover,
Köln, Mannheim, München, Nürnberg, Stuttgart.

In der Schweiz über buch 2000, Postfach 89, CH-8910 Affoltern a.A.

ISBN 3-86150-418-9

»Ich hör schon wieder,
wie sie über mich lachen.«

Donald Duck
(Dr. Erika Fuchs)

Inhalt

Aus dem Tagebuch eines Trinkers
DAS LETZTE JAHR

3.1.
Tiefe Einblicke. Den beiden Pastoren beim Weine von
»Weltseele« und »Gotteslob« gesprochen, Unverständ-
nis geerntet.

5.1.
Wohnung neu eingerichtet, Bett paßt nicht mehr hinein.
Bei Henriette übernachtet. Nüchtern geblieben, da sie
nur Bier im Hause hatte. Hätte alles andere lieber getrunken, selbst Digitaluhren.

16.1.
Früh aufgestanden. Nach dem Abwasch versucht, mich
mit einem Hausschuh zu erschlagen. Sehr getrunken.

17.1.
Den ganzen Tag geweint, abends dann kräftig auf die
Pauke gehauen.

28.1.
Schlafstörungen, Kopfkissen in Wodka getränkt. Lautes
nächtliches Pfeifen läßt sich nicht lokalisieren. Gegen
Morgen Heizkörper abgeschraubt, keine Änderung.
In der Nacht wieder Angst, vor dem Fenster könnten
Aborigines auf Traumtröten blasen.

9

Den ganzen Tag geweint, abends dann kräftig auf die Pauke gehauen.

30.1.
Unverändert Schlafstörungen. Gläschen zählen erfolglos. Fläschchen Baldriantinktur (68 %) ex. Hätte sicher Schlaf gefunden, wenn sich die Nachbarskatze nicht schreiend auf meinem Gesicht gewälzt hätte. Hände gerungen, Schwedenbitter, Harndrang.

12.2.
Früh zu Bett, um Mitternacht wegen Schlaflosigkeit wieder aufgestanden. Unter Zuhilfenahme aller Finger mindestens bis fünfzehn gezählt, dabei manches Mal die Augen verdreht und den Mund verzogen. Nachbarkeller aufgebrochen, getrunken.

14.2.
Teures Mittel gegen Magnesiummangel gekauft. Viel von Paralleluniversen gelesen, versucht hinzugelangen, häßlicher Sturz. Noch am Boden liegend Wunder erlebt: Verstorbener Großvater erschien, um mir Scharlachbergflasche hinzustellen. Große Hilfe.

20.2.
Ich warf alles nach jedem. Ruhe erlangt durch Insel-Samos.

27.2.
Wegen Henriette in der ›Schimpansenbar‹. Verbrüderungsszenen im Keller, Whisky aus Schuhen, zuletzt wieder so eine dreiste Person rittlings auf mir. Nach heimischer Badewanne gesehnt (Eierlikör-Oberkörper-Einreibung), später des Nachts urethrale Schikanen.

Viel von Paralleluniversen gelesen, versucht hinzugelangen, häßlicher Sturz.

1.3.
Perfekter Tag. Spät abends habe ich mir dann noch ein Käsebrot geschmiert und mich draufgesetzt. Viel Wein.

10.3.
Obsession beschlossen: ins Treppenhaus schleichen und das entblößte Gesäß an die Wohnungstür gegenüber drücken. Der vergilbte Lack muß angenehm kühl sein. Wann werde ich es zum ersten Mal tun?

11.3.
Obsession ist Scheiße. Anläßlich eiliger Flucht vor Nachbarin vom eigenen Schlafrock zu Fall gebracht. Liegengeblieben, totgestellt. Tiefe Scham, später massives Trinken.

19.3.
Nachgedacht über Worte eines Freundes: »Die Sonne müßte nachts scheinen, am Tage ist es doch sowieso hell.« Wieder geweint. Rum.

4.4.
Allein im Haus. Vorsichtig Bällchen in alle Zimmer geworfen. Keine Reaktion. – Hastig betrunken, übergeben (5×).

9.4.
Zwecks Betrachtung des Sonnenunterganges Rangierbahnhof aufgesucht. Allergrößtes Mitleid für zwei alte D-Zug-Wagen auf einem Abstellgleis empfunden. Ihr Anblick ließ mich aufschluchzen und unter konvulsivischen Zuckungen Liter von Tränen vergießen. Erst

Obsession beschlossen: ins Treppenhaus schleichen und das entblößte Gesäß an die Wohnungstür gegenüber drücken.

lange nachdem man mich in eine Nachtbar fortgeschafft hatte und mir unter stetigem Einschenken gut zuredete, konnte ich nach und nach zur Ruhe kommen.

15.4.
Wieder ›Schimpansenbar‹. Auf der Heimfahrt vom Taxifahrer Nottaufe erhalten. Lange gemeinsam Mond betrachtet und Geld gezählt.

27.4.
Haydn gehört, Flaschen leergetrunken.

2.5.
Gestern im Ärztehaus. Drei Stunden in der falschen Arztpraxis gewartet, dann versehentlich Termine bei Heilgymnastin besorgt. Panik im Treppenhaus verursacht, Hausverbot in der Apotheke. Schändlich besoffen, beidseitiges Trommelfell-Flattern.

8.5.
Letzten Abend mit zwei Flaschen Chianti im Opernhaus, ›Orpheus und Eurydike‹, sehr geschimpft. Nichts ist so ekelhaft wie Knabensopran, darüber hinaus vehement bemängelt, daß Orpheus von einer Frau (Zarah Leander?) gesungen wird. Jede Kontrolle verloren, hinausgetragen worden. Überfallkommando, sehr verstimmt, Garderobenfrau wollte mich mit ihrer mißratenen Tochter verkuppeln.

Erst lange nachdem man mich in eine Nachtbar fortgeschafft hatte und mir unter stetigem Einschenken gut zuredete, konnte ich nach und nach zur Ruhe kommen.

16

10.5.
Im Kino wieder zwei Finger abgestorben. Im Foyer Hans und Rose getroffen, die sich als Junge und Mädchen verkleidet hatten. Unguter Auftritt an der Bar, Notarztwagen.

14.5.
Mit Henriette weißen Rheinwein probiert. In Karohemden stundenlang an der Decke gekniet. Immer gesagt: »Aufpassen, daß sich nichts verschiebt.« (Ebenen!) Gegen Morgen heftige Önomanie. In der Notaufnahme Akten vernichtet.

29.5.
Gedicht geschrieben: »Managerschulung – ritsch ratsch reisele geht die Welt im Kreisele«; Rotwein, in der Badewanne eingeschlafen, Prostata-Entzündung.

2.6.
Viel Gin auf Anraten Hansens, Wasserlassen klappt besser.

9.6.
Der Arzt macht mir Hoffnung; ich höre, wie die Urologen lachen. Heute zum ersten Mal versehentlich Wein in die Pfeife geschüttet.

12.6.
Es wird behauptet, ich hätte letzte Nacht versucht, im Schlafanzug den Straßenverkehr auf der Kreuzung zu regeln. Mißtrauen, unsicher und verkrampft getrunken.

18.6.
Nervengeschichten ... fremde Bohnen (sic!) sahen mich aus dem Spiegel an – unbedingt Abstinenz üben!

21.6.
Für diesen Satz hätte ich Karl May geliebt: »Winnetou starb, ließ sich jedoch nichts anmerken.« Etwas geweint, Brandy durch Strohhalm.

30.6.
Reimepos erwogen. Anfangs Lob der Frau, dann müßte Schilderung einer Begegnung mit Nilpferd folgen oder Himmelfahrtswitz. Schlußformel könnte sein: »Und ein nackter Mann stand tumb dabei.« In der Küche vergeblich nach Sherry-Rest gesucht, daher ›Schimpansenbar‹, Halmasteinchen gekotzt, Personalausweis verkauft.

2.7.
Stimme aus der Steckdose gehört. Werde ich wahnsinnig? Wein, Wein. *(Jngo Bahrenberg)*

11.7.
Seit heute zwei Stimmen. Eine sagt: »Puppenhuhn«, die andere: »Paradieswurst.« Trotziges Trinken, aber doch Furcht.

12.7.
Wenn ich J.S. Bach wäre, würde ich folgenden Satz vertonen (Kantate): »Ich bleibe oft lange auf, trinke viel und schäme mich für uns alle.« Elterliche Hausbar vorgeknöpft, wieder Notarzt.

18

23.04.06

Auf den schönen Abend im "monkee"!

Stimme aus der Steckdose gehört. Werde ich wahnsinnig?

19

17.7.

Nachmittags weinender Mann vor der Haustür. Wehe, wehe, ich war es selbst. Strenger Cocktail, schließlich wieder Mut. Ab 20 Uhr gewissenhaft getrunken. Wohin sind die Tage, da Wasserlassen eine Selbstverständlichkeit war?

18.7.

Gegen Abend in völlig fremden Kleidern aufgewacht. Starker Wunsch, etwas über Hamster zu schreiben. Persiko-Trinkkur begonnen.

29.7.

Unleserliche Flammenschrift am Himmel; schon wieder diese Bolzen im Teppich. Eierlikör.

31.7.

Das Geräusch aneinanderklirrender Weinflaschen *mit jedem Tierbildern* lockte mich gestern abend in den Nachbargarten. Zunächst geduldet, trank ich allen süßen Wein. Sowie ich aber anfing, den Nachbarn von Schrödingers Katze und den Wundern der Quantenwelt zu berichten (wobei ich bedauerlicherweise bis zum Ellenbogen im Dekolleté der Tochter des Hauses steckenblieb), warfen sie mich über die Hecke. Mildtätige Zwerge fanden mich und pflegten mich in ihrer Höhle gesund.

Mildtätige Zwerge fanden mich und pflegten mich in ihrer Höhle gesund.

21

1.8.

Geträumt: Nach 37 Jahren erstmals wieder aus dem Fenster geschaut. Die Landschaft hatte sich stark verändert, der Fluß trug sogar Koteletten.

5.8.

Mit Person, an die ich mich nicht erinnern kann (Henriette? Hans?) irgendwie über Land gegangen. Wir liefen bergab durch Gärten hindurch. Oder dran vorbei. Wir legten uns nach reiflicher Überlegung an den Straßenrand und versuchten zu sterben. Auf den Tod wartend schauten wir in die Luft. Die Fliegen flogen verkehrt herum und sahen aus wie große Damen. Auf dem Heimweg Glossolalie: indogermanische Trinklieder mit leicht schlüpfrigen Kehrreimen. Champagner!

13.8.

Ich muß mir einen kleinen Propeller vorn an die Schlafanzughose nähen und dann im Bad tänzeln.

(in memoriam Oli Jauch)

23.8.

Heute den vierten Tag bei herabgelassenen Jalousien und Kunstlicht in der Wohnung, meist im Bett. Hatte mir große Inspiration von solcher Lebensweise versprochen (etwa wie H. P. Lovecraft), bis jetzt aber nur mit Voodoo-Puppen herumgefummelt. Rechter Hausschuh ins Klo gefallen. Danziger Goldwasser bis zum Erbrechen.

Geträumt: nach 37 Jahren erstmals wieder aus
dem Fenster geschaut. Die Landschaft hatte
sich stark verändert, der Fluß trug sogar Koteletten.

Mit Person, an die ich mich nicht erinnern kann
(Henriette? Hans?) irgendwie übers Land gegangen.

4.9.
Seit Wochen nur über moderne Physik und das Bermuda-Dreieck gelesen. Spüre, wie mein Leben wieder einen Halt bekommt. Im Kaufhof haben sie neue Rolltreppen. Leberwerte verheerend.

6.9.
Brief vom Wiener Verleger. Muß echt sein, Henriette sieht ihn auch. Einladung zu Lesung. Große Angst vor weiter Reise. »Mut angetrunken«, Rasierapparat und einzige gute Hose ruiniert.

12.9.
Eine Woche lang mit Henriette verreist gewesen. Nach der Rückkehr erfahren, daß wir in der Bretagne waren und nicht, wie ich irrtümlich annahm, in der Toskana. Wieso aber bekomme ich heute eine Ansichtskarte von uns aus Florenz? In Jeans Weindepot alle Reste ausgetrunken, nachdenklich.

14.9.
Sitze im Zug nach Wien. Henriette hat Affäre mit VHS-Kursleiter. Soll ich lieber in Wien bleiben? Habe mir elegantes Halstuch im Hemdkragen installiert. Markenwodka aus der Thermoskanne. Sehr weltmännisch, jedoch Fahrkarte verloren.

Zwangsvorstellungen bezüglich Nachfolge Christi sind abgeklungen.

15.9.
Wieder zu Hause. Anzeigen wegen Schwarzfahrens, Beleidigung und Sachbeschädigung. Desolater Zustand. Versucht, von Streifenpolizisten erschossen zu werden. Nur Ohrfeige erhalten. Immerzu geschrien: »Ich sterbe, ich sterbe!« Zur nächsten Lotto-Annahmestelle geschleppt, Magenbitter auf Kredit.

20.9.
Scheiße, Flasche leer…

31.10.
Flasche leer, Schnauze voll.

19.11.
Durch jenseitige Beeinflussung Schlager geschrieben:
»Ball-a-ball-a-ball-ball-a-ball… (etc.), der Blumenhund anbei, so find ich euch, dem treff ich eurermaßen an (quella) – Kwu kwäck-Ball-a-ball-a-ball-a-ball… (etc.) Und die Hirtenmädchen lesen: So bist du du du mit deinem Blarr Blamm Blumenhund (wiederholen)«
Mit abnehmendem Flascheninhalt kristallisiert sich die Melodie heraus. Erregt, Zierleisten abgebrochen.

28.11.
Religiöser Exzeß, Hausrat auf die Straße gestellt. Schlaflos, brünstige Abstinenz.

29.11.
Zwangsvorstellungen bezüglich Nachfolge Christi sind abgeklungen. Viehisch besoffen.

27

Unbekannte Frau in der Fußgängerzone verbot mir,
in ihren Armen zu sterben.

1.12.

Unbekannte Frau in der Fußgängerzone verbot mir, in ihren Armen zu sterben. Wenig schöne Szene. Danach Glühwein und rücksichtslose Kirchenkritik auf dem Weihnachtsmarkt. Schürfwunden.

3.12.

Im Keller sitzen seit ein paar Tagen zwei alte Männer unter einer Abdeckplane und essen schreckliche Butterbrote. Zwischendurch gehen sie hinaus (in Unterhemden) und schlagen mit großen Hämmern auf die Treppe. Betroffenheit meinerseits, nicht länger vor marokkanischem Wein zurückgeschreckt. Wadenkrampf.

6.12.

Die Flaschen hat 2 Monat und 15 Tagen nicht so leer gewesel#+*

28.12.

Alkohol wirkt nicht mehr bei mir. Vor einer Stunde Gift genommen. Enttäuschung: es wirkt auch nic

L→ Können uns dem nur
anschließen!

PROST!

UND EIN GESUNDES,
FEUCHT-FRÖHLICHES, ERFOLGREICHES
UND GLÜCKLICHES NEUES
LEBENSJAHR!

(NOCHMAL)

29

Bei den Indianern

In einem alten Reisebus eilten wir durch eine Gegend, die mich ans Sauerland erinnerte, das ich in meinem früheren Leben einmal auf einer Klassenfahrt kennengelernt hatte. Gegen Abend hielt das Fahrzeug. Diesmal aber nicht, weil ein paar Mädchen und ich pinkeln mußten, sondern weil ich aussteigen sollte. Ein dürftiges Indianerlager war meine künftige Wirkungsstätte, wie ich feststellte. Auf dem Lehrgang war uns klargemacht worden, daß wir am besten daran täten, einfach alles, was da käme, hinzunehmen und darauf zu vertrauen, daß selbst die längste Zeit vergeht, wenn man nur lange genug wartet. Der Bus fuhr ohne mich davon. Die Luft war angenehm kühl und frisch, es war ein erregendes Gefühl, tatsächlich draußen unter freiem Himmel zu sein.

Ich ging auf das Lagerfeuer zu. Dort machten sich einige Stammesangehörige zu schaffen, und ich wollte mich bei ihnen zum Dienst melden. Jetzt war mein langes, fettiges Haupthaar von Vorteil. In einer der das Lagerfeuer schürenden Personen erkannte ich sogleich einen alten Klassenkameraden von der Realschule. Ganz verhalten begrüßte er mich, sichtlich unsicher, ob dies nun schicklich sei oder nicht. Alle übrigen Anwesenden waren mir fremd. Wenn ich in überwiegend fremde Gesellschaft gerate, klammere ich mich verzweifelt an jeden mir bekannten Menschen, sei er mir sonst auch ein Greuel. In diesem Falle war es aber gar nicht so arg. Robert, der ehemalige Klassenkamerad, dessen neuen Namen ich mir nicht merken konnte, war eigentlich recht liebenswürdig.

Gedanken an unbequeme Einzelheiten meiner Zukunft als Indianer versuchte ich zu unterdrücken. Sicher würde ich Feinde töten müssen, was ich um so mehr bedauerte, als ich gerade eine Existenz hinter mir hatte, in deren Verlauf ich mir mit Müh und Not den Jähzorn und überhaupt alles gewalttätige Aufbrausen abgewöhnt hatte. Nun, es würde schon werden.

Als erstes führte mich Robert zu unserem Zelt und zeigte mir meinen Schlafplatz. Für Schlafplätze hatte ich stets eine große Vorliebe, deshalb kroch ich sofort ganz verzückt in das Nest aus Fellen und Wolldecken. Es duftete angenehm, ich steckte meine Nase zufrieden in eines der Felle und schlief – anders als im früheren Leben – sofort problemlos ein. Robert habe ich nie wiedergesehen, ebensowenig die übrigen vom Lagerfeuer. Auch konnte ich mich in der neuen Situation nicht bewähren, denn wir wurden in derselben Nacht allesamt von einem Spähtrupp General Custers im Schlaf erschlagen.

Die Waffel-Ära

Was die Mitglieder des Köchel-Klubs verbindet, ist die Leidenschaft des Sammelns von Indianerbildern, und wie es sich gehört, kann's der Vorsitzende am besten. Ganz rare und beeindruckende Indianerbilder wußte er schon aufzutreiben, darunter eines, worauf ein Indianer mit Aktentasche zu sehen ist!

Und welch großer Wurf ist ihm jetzt wieder gelungen: Auf dem Lande (jenseits des Bahndammes) hat er einen Kiosk ausfindig gemacht, wo es Schokoladewaffeln mit Indianer-Sammelbildern gibt. Ein Heft zum Einkleben der Bilder gibt es auch. Der Vorsitzende hat auch herausgefunden, daß der Kioskbesitzer bestechlich ist. Gegen ein Röhrchen Schmerztabletten einer bestimmten Sorte wird die Erlaubnis erteilt, ein paar Waffelpackungen vorsichtig zu öffnen, um nachzusehen, welche Bilder drinnen sind. Binnen kürzester Frist hat der Vorsitzende sein Sammelheft komplett bestückt und präsentiert es den staunenden Köchel-Klubisten. Um es ihm gleichzutun, pilgern künftig alle zu dem Kiosk auf dem Lande und stiften Schmerztabletten.

Auch jetzt noch sucht der Vorsitzende den Kiosk regelmäßig auf, denn der Inhaber wird allein nicht Herr der sich häufenden Tabletten. Täglich sitzen die beiden alten Männer delirierend beisammen, und der Vorsitzende darf manch glasigen Blick in schlüpfrige Druckwerke tun. Hin und wieder stiehlt er sogar Marzipankartoffeln.

Eines Tages ist es mit der Gemütlichkeit vorbei. Aus heiterem Himmel beansprucht der Vorsitzende im Rausch die Herrschaft über das Büdchen und dessen Inhaber. Auf der Theke hockend verkündet er, das gute Prinzip zu verkörpern und auf göttliche Weisung hin den Kampf gegen »Schund und Scheißdreck« führen zu müssen. Dementsprechend beginnt er, wahllos Zeitschriften zu zerfleddern. Das kann der Büdchenbesitzer bei aller Euphorie nicht dulden: Er hindert den Fanatiker an der Erfüllung seiner Mission. Ein schrecklicher Kampf entbrennt: Der Vorsitzende kratzt, beißt und spuckt. Ehe er sich's versieht, liegt er auf der Straße, wo ihm Schülerlotsen aufhelfen.

Das Geschehene hat Konsequenzen für den gesamten Köchel-Klub. Beim nächsten Erscheinen der unschuldigen Mitglieder zeigt sich der Kiosk-Inhaber unempfänglich für die gewohnte Bestechung. Sobald jemand versucht, eine Waffelpackung mit bereits erworbener Routine zu öffnen, wird mit der Polizei gedroht. Da heißt es auf gut Glück Schokoladewaffeln kaufen. Alle spüren es überdeutlich: Die Waffel-Ära ist unwiderruflich zu Ende!

Wissenswertes vom Spinat

Zur Zeit der Teuerung haben die armen Leute Spinat getrocknet, kleingeschnitten und in Ermangelung von Tabak geraucht. Wenn sie das nicht getan, sondern den Spinat, wie es sich gehört, gekocht und gegessen hätten, wäre es ihnen besser ergangen. Einigen wurde lediglich speiübel, von anderen aber heißt es, sie seien von früh bis spät mit Bibeln im Handgepäck an Bahndämmen entlanggeschlichen. Wieder andere sollen das Jackenausziehen verlernt haben.

Die mißratene Bohnensuppe

Den halben Tag hat es gedauert, bis wir das Wasser in dem riesigen Kessel auf unserer einfachen Feuerstelle zum Kochen gebracht haben. Wir schütten die stundenlang vorbereiteten Zutaten für eine Bohnensuppe hinein, von der erwartet wird, daß sie sowohl schmack- als auch nahrhaft werden soll. Meine Mitköche lassen mich für kurze Zeit mit der brodelnden Suppe allein, denn sie wollen ein Transistorradio herbeiholen, damit das Essen nachher bei Tafelmusik stattfinden kann.

Ausschließlich ans Kochen auf Elektroherden gewöhnt, weiß ich mir nicht zu helfen, als die Suppe bald stärker und stärker kocht. Der Rührlöffel fällt mir dummerweise in den Topf. Um die Hitzezufuhr zu drosseln, versuche ich, brennende Holzscheite aus dem Feuer zu ziehen, gebe aber schnell auf. Verzweifelt laufe ich jammernd zwischen dem gedeckten Tisch und der Feuerstelle hin und her – die Situation wächst mir über den Kopf. Schon rinnt die wild überschäumende Bohnensuppe am Kessel hinunter ins Feuer. Ich stoße spitze Schreie aus und ergreife zwei volle Weinflaschen. In meiner äußersten Not schlage ich mit den Flaschen auf die über den Kesselrand quellende Suppe ein und schreie aus Leibeskräften.

In diesem Moment kehren meine Mitköche samt Radio zurück. Ich kann ihnen nach dem Geschehenen nicht in die Augen sehen und erwarte am Boden liegend ihren gerechten Zorn. »Tötet mich«, fordere ich sie auf, weil mir das die sauberste Lösung zu sein scheint. O nein, davon wollen meine Mitköche nichts hören – keine Spur von Anklage!

Sie zeigen sehr viel Verständnis, und zum Zeichen der Vergebung wirft einer von ihnen sogar das Transistorradio in den Suppenkessel. Was für wunderbare Menschen!

Erinnerst du dich?

Irgendwann klingelte es, und Siegmund stand mit einer Flasche Eierlikör vor der Tür. Es war das erste Mal, daß er dich nach deinem Umzug besuchte. Er tat, als bewundere er die Haustür.

»Eine Alutür! Du hast dich verbessert«, begrüßte er dich mit einem Klaps auf den Hinterkopf. Die Haare hingen ihm den Rücken hinunter, schlecht rasiert war er auch. Speckig geworden irgendwie. Und früher war er immer so adrett ... das hübsche Photo, auf dem er als Zweijähriger zu sehen war... in der Tanzschule immer gut gekleidet, in der Oper nie geschrien ...

»Komm rein«, erwidertest du.

Siegmund zwängte sich zwischen Garderobe und Küchenschrank hindurch, um in die Diele zu gelangen. Leider nicht geschickt genug. Er griff sich lautlos grimassierend an die Seite: Hoffentlich keine Rippe gebrochen.

Zwischen Schränken heterogener Bauart hindurch ging es zur Wohnzimmertür. Unterwegs, am anderen Ende des Küchenschrankes, riß sich Siegmund den Ärmel an deinem altdeutschen Telephonkonsölchen auf. Du öffnetest die Wohnzimmertür und bugsiertest den Gast hinein. Sein armer Schädel traf hart auf den großen Lautsprecher links an der Wand; Siegmund taumelte und prallte gegen das scharfkantige Vertiko zur Rechten. Du halfst ihm ins Zimmer, ihn von hinten dezent an den Schultern fassend und sanft dirigierend.

Da stand er, völlig verwirrt. Die Wahl zwischen den unzähligen Stühlen und Sesseln fiel ihm sichtlich schwer. Du nötigtest ihn mit verbindlichen Gesten in den Zweisitzer vor dem Fenster. Bevor du dich ihm widmen konntest, mußtest du noch im Nebenraum die Musikanlage in Betrieb setzen, mit der die großen Lautsprecher an der Wand verbunden waren. Mit erzwungenem Lächeln kehrtest du, nachdem du dir bei der Kollision mit der Nähmaschine an deinem Bettfußende eine rechtsseitige Hüftprellung zugezogen hattest, zu deinem Besuch zurück. Der hatte inzwischen mehrere Fachzeitschriften mit einem Kugelschreiber vollgekritzelt und verlangte lautstark nach Trinkbarem. »Den Eierlikör wollen wir für später aufheben«, beschlosset ihr, »zuerst Reste verwerten.«

Du erinnertest dich, wo die Küche war – da, wo im Kühlschrank die Bierflaschen standen – und eiltest dorthin, über Kopfhörerkabel stolpernd und Hausschuhe verlierend. Kurz darauf drang euer Gesang durch die neuen Thermopanescheiben bis auf den Gehsteig, wo euch der Hauswart hörte und prompt Anzeige erstattete. Die Anzeige wurde dann an deine Vermieter weitergeleitet, du bekamst die tollsten Scherereien. Erinnerst du dich? Dein Sohn kam damals vorzeitig in die Pubertät und wollte Fußballspieler werden. Du begannst zu bedauern, die vorige Wohnung aufgegeben zu haben, denn da hätte er seinen Separateingang gehabt. Jetzt begegnete man einander täglich zwischen Schränken in der Diele. Er pflaumte dich an: »Spinner … Eierkopp…« Du schriebst ihm daraufhin einen giftigen Brief. Doch zurück zu dem Tag, an dem Siegmund zu Besuch kam.

Eure Unterhaltung wurde zunehmend einfältiger. Schließlich bekleckertet ihr euch gegenseitig mit Likör und lachtet. Dabei erwischte euch deine Frau. Sie hatte an diesem Nachmittag eine uralte Freundin von dir zum Kaffee mitgebracht. Die Fassung eisern bewahrend, begrüßtest du die unerwartete Besucherin: »Ewig nicht gesehen, nicht, du?«

Und sie erwiderte aufrichtig betroffen, als sie dich wiedererkannte: »Möönsch, bist du fett geworden...«

Verdrossen fragtest du deine Frau: »Ja, wußtest du denn nicht, daß Siegmund heute kommt?«

Siegmund versuchte unterdessen, die Zeigefinger beider Hände mit den Spitzen gegeneinanderzuführen und dabei aufrecht sitzenzubleiben.

Weil nur für eine Partei Platz im Wohnzimmer war, überließt ihr das Feld den Frauen. Die tuschelten miteinander, und du konntest dich des Verdachtes nicht erwehren, Gegenstand ihrer Vertraulichkeiten zu sein. Ihr Männer verbarrikadiertet euch nebenan in deinem Studierzimmer. Siegmund legte sich – mit Schuhen! – auf dein Bett, was du dies eine Mal durchgehen lassen wolltest. Du ließest dann die Rolläden herunter und schaltetest das Radio ein. Die erleuchtete Senderskala war die einzige Lichtquelle im Raum. Du verbrachtest eine der glücklichsten Zeitspannen deines Lebens am leicht geöffneten Fenster im Klubsessel sitzend.

Weil der Besuch deiner Frau immer noch nicht gegangen war, als du Stunden später nachschautest, gingst du mit Siegmund raus in die städtische Grünanlage, wo ihr den Sonnenuntergang im Beisein einiger hundert Schwesternschülerinnen erlebtet. Eine konnte mit ihrem Gebiß einen Rundfunksender empfangen. Aus dem notdürftig angeschlossenen Lautsprecher ertönte Musik von Jimi Hendrix; die Mariacronflaschen gingen von Mund zu Mund.

Die wunderbare Reise im Karton

Statt etwas Nützliches zu tun, also beispielsweise Polizeiberichte zu tippen oder die Zeit anzusagen, rutschen Schlork und Thümler in ihrem Karton lautstark den Flur entlang. In dem Karton haben sie es recht komfortabel, denn sie sind ausgestattet mit Trinkbarem, einem alten Lexikon und einem batteriebetriebenen Radiorecorder samt einer Kassette, so daß sie entweder den belebten Äther oder konservierte Vogelstimmen – letztere mit Gleichlaufschwankungen – abhören können. Weiter verfügen sie über Sitzkissen und Wolldecken, Füller und Papier, eine Taschenlampe mit Batterien und ein Mützchen für jeden von ihnen. Besonders stolz sind Schlork und Thümler auf ihre Vorräte an Eßbarem: Die Alu-Brotdose ist prall gefüllt, dem Seesack entquellen Bananen, Schokoladetafeln, Kartoffelchipstüten und Müsliriegel.

Also jagen sie ohne Furcht auf und davon. Gläser voll, Käsebrote in Händen – so sitzen sie bemützt beim Konservengezwitscher der einheimischen Singvögel bequem unter ihren Wolldecken und blättern erregt im Lexikon. Einen Augenblick lang überlegen sie, ob sie es aus Bewunderung abschreiben oder neu illustrieren sollen. Schlork und Thümler schließen die Augen und klappen das Lexikon zu. Die Kassette ist zu Ende. Thümler schaltet um auf Kurzwellenempfang: Wunderbares kommt ihnen zu Gehör. Aus siedenden, zischenden Garküchen in fernen, fremden Weltgegenden

sprechen mal näselnde, mal brüllende Köche in babylo-
nischen Zungen zu ihnen, belehren die reisenden Hörer
womöglich über exotische Gaumenfreuden oder die
korrekte Handhabung von Besteck. In den Kesseln, die
wahrscheinlich auf langen, chromblitzenden Herden
stehen, singt und klingt es: Arien, Schlagerchöre, Jani-
tscharenmusik. Schlork und Thümler horchen zur Vor-
sicht an ihren Käsebroten: Alles still und in Ordnung.

Über Ultrakurzwelle wird ein Vortrag über Pfarrerstöchter gesendet, und spontan begeistern sich die Reisenden für Pfarrhäuser.

»Ja, Pfarrhäuser!«, rufen sie aus.

Ach, sie haben Pfarrhäuser gesehen in ihrem Leben,
das ist wahr. Thümler erzählt von seiner Jugend im
Pfarrhaus, Schlork erzählt von seiner. Sofort wollen sie
ein Pfarrhaus aufsuchen. Die Pfarrerstöchter, so be-
schließen sie, wollen sie aber Pfarrerstöchter sein lassen
und sich gar nicht um sie kümmern.

Bei der Ankunft in dem Pfarrhaus, das sie kurz darauf
erreichen, vernehmen Schlork und Thümler aufatmend,
die Pfarrerstöchter seien allesamt beim Rundfunk, wo
sie allmählich alt würden. Die Haushälterin schiebt die
beiden in ihrem Karton ans Kaminfeuer und sagt, sie
wolle den Herrn Pfarrer gleich holen, nötigenfalls mitten aus der Predigt. Davon sind die Besucher beein-
druckt. Kaum haben sie begonnen, den halbdunklen
Raum mit scheuen Blicken zu erforschen – der Kamin
ist elisabethanisch, und überall sind Schaukelpferde und
Strohkränze –, da spricht Schlork die Befürchtung aus:

»Der Pfarrer kommt mit Blaulicht und schmeißt uns
raus.«

»Du spinnst«, antwortet Thümler.

Da kommt der Pfarrer mit Blaulicht und schmeißt sie raus.

»Tableau!«, ruft Schlork, was veraltet ist und soviel heißt wie: »Da haben wir den Salat!«

Aus dem Lautsprecher des Radiorecorders dräut ganz schwierige Musik vom Minderheitensender. Sie drehen die Kassette um und hören erst mal wieder Vogelstimmen. Die Gläser werden in einem fort gefüllt und geleert.

Auf wunderbare Weise verstehen sie plötzlich die Sprache der einheimischen Singvögel. Es kann allerdings sein, daß sie, ohne es wahrzunehmen, die Vogelstimmenkassette zu Ende gehört und einen Rundfunksender eingestellt haben. Jetzt läßt sich das nicht mehr überprüfen, denn sie trauen im mittlerweile eingetretenen Zustand ihren Augen genausowenig wie ihren Ohren. Von einem Mann ist jedenfalls die Rede, der von seiner Mutter zum Schreiben unerträglicher Schauergeschichten getrieben worden sein soll. Nie habe er je eine Frau berührt, und nie habe er sich dem Tageslicht ausgesetzt, sondern dieses verschlafen oder mittels herabgelassener Jalousien ausgesperrt. Kränklich habe er zeitlebens gewirkt; zuletzt sei er durch und durch von Krebs zerfressen gewesen. Das finden Schlork und Thümler interessant und notieren sich seine Adresse. Mit dem Karton sind sie im Nu da und klingeln. Die Mutter des toten Schriftstellers öffnet. Sie sieht die beiden mit ihren Mützchen und roten Augen im Karton sitzen – im nächsten Augenblick hat sie die Tür wieder zugeschlagen. So erfahren sie nichts. Sie müssen schon zu Lebzeiten des lichtscheuen Mannes eintreffen, und zwar am besten, wenn seine Mutter gerade beim Treffen des Mütterkreises ist. Jawohl, es gelingt, diesmal öffnet er selbst die Tür: »Meine Mutter ist nicht da.«

Wortlos halten sie ihm die verführerische Kartoffel-chipstüte hin. Er fährt bis zum Ellbogen hinein und lächelt sie an. Essen mag er nichts vom Inhalt der Tüte, aber er vertraut Schlork und Thümler, bittet sie gar in sein dunkles Zimmer. Dort steigt der blasse Jüngling zu ihnen in den Karton – instinktiv fürchtet Schlork um die Proviantbestände. Doch dies erweist sich als unbe-gründet. Selbst einen ihm von Thümler angebotenen Müsliriegel lehnt der Dichter dankend ab. Was will er denn? ›Hoffentlich will er jetzt nicht Vater-Mutter-Kind spielen‹, denkt Schlork. Nach wie vor traut er sei-nen Ohren nicht, aber ihm ist, als berichte der Schrift-steller von einer »tibetanischen Totensuppe«, die seine Mutter immer für ihn koche.

Genau in diesem Augenblick wird die Wohnungstür aufgeschlossen, und die Mutter kommt im Eilschritt herein. Sie erblickt die Besucher und schimpft:

»Schon wieder die mit ihren Mützchen!«

Der junge Dichter versucht, sich hinter dem Provi-antbeutel zu verbergen, verläßt aber, da dies mißlingt, kreischend den Karton. Vorgeschichtlich, ja außer-irdisch ist der nun folgende Wutausbruch der Mutter.

In ihrer Angst rutschen Schlork und Thümler hastig aus dem unheilvollen Haus, bevor sie noch mit einem Abtrockentuch erschlagen werden.

Essend und trinkend rasen sie dahin, die Augen mühsam offenhaltend, der Bedienung des Radiorecor-ders nicht mehr mächtig. Schließlich schlafen sie ein. Der Karton findet von allein nach Hause.

Beim Film

Das Leben des großen Laureatus Motorama soll verfilmt werden. Wie ich überall höre und lese, sucht die Filmgesellschaft verzweifelt nach einem Darsteller für die Hauptrolle. Aber niemand sieht diesem einzigartigen Mann ähnlich genug, um ihn im Film glaubwürdig verkörpern zu können. Sofort beginne ich, vor dem Spiegel Motoramas Gesichtsausdruck zu üben. Natürlich bekomme ich die Rolle. Der Produzent kauft mir sogar einen neuen Schirm, den ich schon so lange benötige. Das heißt, er bestellt ihn für mich bei dem Versandhaus, das seiner Frau gehört. Ans Drehen des Filmes denkt er aber nicht. Wiederholt lädt mich der Produzent zum Essen ein. Jedesmal berichtet er mir mit tiefstem Bedauern, der Schirm sei immer noch nicht da. Ich bin erleichtert, als er mich nicht mehr einlädt. Heute finde ich, daß ich dem großen Laureatus Motorama nicht im entferntesten ähnlich gesehen habe. Nicht einmal mit aufgeblasenen Backen.

Die Entscheidungsschlacht der Dekadenzler

Nach und nach wurde mir schmerzlich bewußt, daß die meisten Vertreter des städtischen Dekadentenzirkels, dem ich als korrespondierendes Mitglied angehörte, Fußballfreunde waren. Bei manchen, ja vielen, war ich nicht sonderlich verwundert; deren Leistungen auf dem Gebiet der Dekadenz waren auch höchst abgeschmackt (der schlimme Gottfried etwa mit seinen ewigen Leichenteilen in der Collegemappe). Solche Leute konnten in meiner Achtung kaum tiefer sinken, nachdem ich von ihrer Vorliebe für das närrische Ballspiel erfahren hatte.

Bei einigen hatte ich allerdings nichts Derartiges vermutet. Sie waren mir bis zur Enthüllung ihres Makels relativ lieb gewesen. In einem Fall verlor ich sogar einen richtigen Freund, einen Psychiatersohn, der die Symptome der beliebtesten Geisteskrankheiten trefflich nachzuahmen verstand und dabei sogar pfeifen konnte. Seine Interpretation des ›Schnauzkrampfes‹ z.B. nötigte nicht nur Laien Respekt ab. Mit ihm hatte ich manch liebes Mal um die Wette gekocht, aber wenn das so war...

Ich wurde mehr und mehr zum Außenseiter. Eigentlich, so fand ich, waren die anderen gar nicht wirklich das, was ich unter Dekadenten verstand, sondern perverse Ignoranten.

Und dann wurde anläßlich des monatlichen Restetrinkens in unserem Klublokal mehrheitlich beschlossen, ein großes Fußballturnier gegen die Opiumesser der Nachbargemeinde auszutragen. Frühere Kämpfe, von denen ich nichts wußte, waren angeblich unentschieden ausgegangen, und nun mußte die Entscheidung herbeigeführt werden. Ausgerechnet ein Fußballturnier sollte es sein! Die einzige Gegenstimme stammte von mir. Was nützt die ganze Demokratie, wenn die Mehrheit irrt? Wie ein Besessener gegen die Mauer des Unverstandes antrinkend und -räsonierend, versuchte ich zu erreichen, daß kein herkömmliches Fußballspiel veranstaltet, sondern etwas Neues, dem olympischen Fünfkampf Ähnliches, exekutiert werden sollte. Und statt Schießen oder Schwimmen mochten kulturell orientierte Disziplinen einbezogen werden. Ich kann ein richtiges Biest sein, wenn es um die Wurst geht. Meine Intrigen, Gewaltdrohungen und Bestechungen waren letztlich erfolgreich – ein Kompromiß wurde gefunden.

Nun mußte ein Komitee gegründet werden, das am runden Tisch die verbindlichen Spielregeln ausarbeitete. Bei der Gestaltung der letzteren brachte ich vehement meine eigenen Vorstellungen ein. Schnöde Begriffe wie ›Freistoß‹ oder ›Elfmeter‹ waren da nur ein Scheißdreck. Viel kostbare Zeit ging verloren, weil jemand den Tisch samt den Positionspapieren anzündete und ständig abstimmungsberechtigte Teilnehmer im Krankenhaus bzw. Gefängnis weilten. Nun ja, schließlich waren wir kein Kegelklub, sondern ein Dekadenzzirkel.

Der runde Tisch zerfiel in vier Fraktionen, als da waren:

1. die harten Fußballpuristen um die Brüder Eckermann (Hermaphroditen) und den Sodomiten Krull, der

allerdings etwas kompromißbereiter war, weil er gern Pferde einsetzen wollte;

2. die zahlreichen Anarchisten/innen, die alles einsetzen wollten, was verboten war;

3. die kulturellen Elementen prinzipiell Zugänglichen, zu denen die meisten weiblichen Mitglieder gehörten;

4. ich.

Zu guter Letzt waren die Regeln ausgearbeitet (wenn auch von niemandem außer dem hochintelligenten Schiedsrichter meiner Wahl wirklich verstanden), hektographiert und an die Opiumesser des Nachbarortes verschickt worden. Diese nahmen die Herausforderung ohne Komplikationen an. Der Tag des Turniers wurde bestimmt, verschoben, neu festgelegt, kurzfristig abgesagt und irgendwann endgültig fixiert.

Austragungsort war der Sportplatz, den die Eckermann-Brüder regelmäßig zum Kampf gegen irgendwelche Bolzbuben benutzten. Ein »Heimspiel« also. Mit dem Platzwart, einem kleinwüchsigen, bösartigen Banater Schwaben, der zur Tobsucht neigte, hatten wir leichtes Spiel. Für ein paar alte russische Briefmarken, auf denen dicke Dampflokomotiven zu sehen waren, überließ er uns willig das Feld. Da die Gebäude auf dem Sportplatz (Umkleidekabinen etc.) sowieso zur Renovierung anstanden, schufen wir dort mit viel Farbe und leichten baulichen Veränderungen nach Herzenslust Atmosphäre. Besonders das Türmchen mit der Popcornmaschine und der siebenschläfrigen Wasserpfeife sei hier hervorgehoben. Die Belegschaft unseres Klublokals errichtete gleich neben den nun mit lila Samt ausgeschlagenen, orientalisch gepolsterten Umkleidekabinen im Pagodenstil ein potentes Schankzelt. Wir waren in großartiger Stimmung! Überall Leopardenfelle, Seidenunterhosen, Kochschinken und Geldscheine!

Um fünfzehn Uhr sollte ein Gongschlag den Auftakt geben, und es war kaum zu erwarten, daß sich bis dahin jemand – selbst der Schiedsrichter nicht – an die Spielregeln erinnern würde. Von der gegnerischen Mannschaft war lange nichts zu sehen und zu hören. Dafür erschien Publikum in großer Zahl, obwohl wir einen unverschämten Eintrittspreis verlangten. Vom Reinerlös gedachten wir eine Bildungsreise nach Sodom und Gomorrha zu unternehmen, mit einem Tagesabstecher nach Babylon. Selbstverständlich hofften wir zu siegen und den von einer befreundeten Präservativfabrikantin gestifteten Silberpokal zu gewinnen. Von seinem Verkauf versprachen wir uns ein hübsches Sümmchen für die Reisekasse.

Kurz vor fünfzehn Uhr waren unsere Gegner immer noch nicht da. Jede weitere Verzögerung konnte unsere Kampfkraft gefährlich schwächen. Schon waren zwei aus unserer Mannschaft ausgefallen, nachdem sie einen nackten Zwerg mit Eierlikör übergossen und abgeleckt hatten. Von den Austauschspielern war keine Spur zu finden. Jemand wollte gesehen haben, wie sie rittlings auf der Reservebank sitzend davongeflogen waren.

Um 16.38 Uhr betraten endlich die Opiumesser mit vollen Backen den Platz. Sie hatten unterwegs ebenfalls zwei Leute eingebüßt, und diejenigen unter uns, die dies wahrnehmen konnten, waren erleichtert. Da das Publikum bereits lästig wurde, ordnete der Schiedsrichter sofortigen Spielbeginn an. Den Opiumessern war das recht, denn das Umziehen erübrigte sich bei ihnen: Einer der beiden Verschollenen aus ihrer Mannschaft hatte den Handwagen mit den Trikots gezogen.

Beide Mannschaften nahmen fußballmäßig Aufstellung, ich im Tor. Vor Aufregung entsann sich nach dem Gongschlag tatsächlich niemand mehr der so mühsam ausgearbeiteten Regeln, und aus Gewohnheit begann ein ganz ordinäres Fußballspiel. In kürzester Zeit waren sämtliche Spieler vor meinem Tor versammelt, auch der Torwart der anderen war herbeigelaufen und mischte laut schreiend mit. Den Eckermann-Brüdern verdankte ich es vornehmlich, daß ich mich nicht ein einziges Mal vor einem Ball in Sicherheit bringen mußte. Als erster besann sich der Schiedsrichter auf die Spielregeln. Gnadenlos pfiff er das Spiel ab, das doch so ganz anders geplant war. Eine Mittelstürmerin der Opiumesser betonte, sie wolle im weiteren Verlauf alles so haben wie beim Croquetspiel in ›Alice im Wunderland‹.

»Nichts da«, entschied der Schiedsrichter, »jetzt wird gewürfelt.«

Au, da war das Publikum aber nicht begeistert. Wenn ich auch nicht im mindesten für Fußball bin, einen Mensch-ärgere-dich-nicht-Würfel auf dem großen Spielfeld finde selbst ich, vom Standpunkt des zahlenden Zuschauers aus, nicht angebracht. In der Ostkurve wurden Proteste laut, es hagelte mitgebrachte Spülmittelflaschen aus Weichplastik.

Ich trat souverän vor und würfelte. Eine Fünf.

Der Schiedsrichter rief in sein Megaphon: »Er hat eine Fünf gewürfelt!« Bedeutend lauter maulte jetzt das

Volk auf den Rängen, es fühlte sich hintergangen – vielleicht bereits verhöhnt.

Ich rief trotzig: »Ihr werdet sonst doch auch verarscht! Nur anders!«

Nein, das sah man nicht so. Mehr Plastikflaschen, vereinzelt sogar Stempelkissen. Und der Schiedsrichter schaute in seine Liste. Für eine gewürfelte Fünf gab es eine Frage aus dem Bereich der Kultur. Als dies bekanntgegeben wurde, schrien alle Zuschauer haßerfüllt. Sicher würden sie gleich das Spielfeld stürmen, also ließ der Schiedsrichter vorsichtshalber leichtgeschürzte Scharfschützen beiderlei Geschlechts Position beziehen. Dafür gab es schüchternen Applaus. Wir konnten weitermachen.

»Wer will die Frage ziehen und beantworten?«

Für eine Frage aus dem Bereich der Kultur kam nur ich in Frage. Also zog ich aus einer purpurfarbenen Schachtel, die mir der Schiedsrichter hinhielt, ein Fragekärtchen. Das Publikum holte Luft zu einem erneuten Aufschrei der Empörung, die Scharfschützen hoben nur kurz die Waffen – und es konnte weitergehen. Ich reichte das Kärtchen dem Schiedsrichter. Der las laut vor:

»Welches Tier hat der amerikanische Gruselautor E-A-Pö in seinem bekanntesten Gedicht besungen?«

Ich wußte es, aber ich hatte unter diesen ungewohnten Umständen und vor so vielen Menschen einfach eine Sperre im Hirn. Der viele Champagner tat ein übriges.

»Na?«, fragte der Schiedsrichter.

Verzweifelt stotterte ich: »Es … es … liegt mir … auf der Zunge!«

»Mund auf«, befahl der gestrenge Mann.

Ich sagte »Ah« und streckte die Zunge heraus. Gleichzeitig steckte ich ihm diskret einen uralten, staubigen Medoc im Werte eines Rennpferdes in die Hosentasche. Er blickte kurz auf meine Zunge, dann rief er ins Megaphon: »Die Antwort ist richtig!«

Diesmal mußten die Scharfschützen Warnschüsse abgeben, um die Zuschauer zu disziplinieren. Ich durfte noch ein Kärtchen ziehen. Die Frage lautete:

»Wer hat Eichhörnchen kriminalisiert und hätte besser nicht im Bett geraucht?«

Das war leicht, aber plötzlich hatte ich wieder eine dieser ekelhaften Zwangsanwandlungen: Ich konnte den Klang meiner eigenen Stimme nicht ertragen! Es war mir nicht möglich, laut zu sprechen, deshalb bat ich den Schiedsrichter flüsternd, ihm die Antwort ins Ohr sagen zu dürfen. Das war er mir angesichts der übereigneten Bouteille schuldig, und er gab der Bitte statt.

Schwer ertrugen die Menschen jenseits der Absperrung das Getuschel und die anschließende Verkündigung durchs Megaphon: »Auch diese Antwort ist richtig!«

Dicht über die Köpfe der Zuschauer hinweg peitschten die Schüsse. Etliche verließen schimpfend das Gelände. Die nächste Frage wurde verschoben. Zunächst sollte das Publikum mit einer kurzen Runde gewöhnlichen Fußballs besänftigt werden. Dagegen lief ich Sturm, und es hätte großen Ärger gegeben, wenn nicht in diesem Augenblick der Sodomit Krull die Pferde aufs Spielfeld getrieben hätte. Unsere gelangweilten Gegner unterbrachen das Opiumessen, um sich in Sicherheit zu bringen. Ein goldener Servierwagen ging zu Bruch. Krull, der Narr, hatte uns mit seiner Tat zehn Straf-

punkte eingebracht. Nachdem die Rösser wieder einge-
fangen waren, durften die Opiumesser zum Elfmeter-
schießen vor unser Tor. Instinktiv stellte ich mich tot.
Krull vertrat mich und konnte das von ihm Einge-
brockte wiedergutmachen: Er ließ keinen Ball herein.
Vor Wut gingen unsere Widersacher dazu über, Töpfe
und Tiegel ins Tor zu schmeißen – dafür bekamen sie
ihrerseits zwanzig Minuspunkte.

Die noch fällige Schlußfrage stand nun an. Der
Schiedsrichter erwähnte, wir könnten sogar den Joker
setzen. Da hielt ich es unter der Decke, die man pietät-
voll über mich gebreitet hatte, nicht mehr aus. Ich stand
auf und erklärte lachend, nur scheintot gewesen zu sein.
Darauf wurde erst einmal angestoßen.

Der Schiedsrichter waltete anschließend seines Am-
tes und ließ mich ein drittes Kärtchen ziehen. Wie ich
die Hand ausstreckte, bemerkte ich wiederum große
Unruhe unter den Zuschauern. Diesmal war es aber
nicht der gewohnte Protest, sondern Jubel über eine
Polizei-Hundertschaft, die das Spielfeld stürmte. Hur-
tig wie im Zeichentrickfilm verfügte ich mich wieder
unter mein Leichentuch. Da hatten doch tatsächlich
empörte Zuschauer nach dem Verlassen des Sportplat-
zes die Polizei verständigt! Die schritt jetzt ein wegen
publikumsverachtender, unsportlicher Spielführung
und versuchter Massentötung ohne Waffenschein. Sowohl der Schiedsrichter als auch die Scharfschützinnen
und -schützen wurden verhaftet.

Wie johlte da das Publikum!

Einen Zipfel des Tuches lüftend, taxierte ich nach
dem Abzug der Ordnungshüter und ihrer Opfer die
neue Situation: Mein Spielkonzept war endgültig ge-

scheitert. Ohne Schiedsrichter, ohne Schützen und ohne mich folgte unaufhaltsam das, was sie alle von Anfang an gewollt hatten: ein dummes, unwürdiges Steinzeitler-Gebolze und -Gegröle. In der Halbzeit lief ich zum Gegner über und nahm eine Überdosis Opium.

Der große Rennschwindel

Der Mogul von Westminster wettet mit seinen reichen Freunden um eine bedeutende Summe, daß er beim Pferderennen jeden beliebigen Favoriten siegen lassen kann.

Zur Durchführung seines Planes engagiert er einen
Saboteur mit übernatürlichen Verbindungen und läßt
ihn vor dem Rennen einen großen Geldbetrag auf das
Holzpferd setzen.

Vor dem Start redet der Mogul von Westminster seinem weiblichen Jockey ein, sie müsse ihrer kranken Oma ein Freßpaket bringen und deshalb unbedingt das Ziel erreichen.

Beim Start geschieht nichts, das nicht vorauszusehen gewesen wäre. Am Verstand des Moguls von Westminster wird in Rennkreisen ganz allgemein gezweifelt.

Da setzt der gedungene Saboteur nur für Pferde wahrnehmbare Kleinradfahrer mit Feuerwerk ein, wodurch sämtliche Rösser mit ihren Reitern stürzen und ausscheiden.

Das Publikum ist bestürzt, doch die Reiterin auf dem
Holzpferd setzt – nun allein im Rennen – unbeirrbar
ihren Weg fort. Zur kranken Oma, wie sie glaubt.

Nach einer Stunde kommt sie als Siegerin am Ziel an.
Die Oma sei wieder gesund, wird ihr gesagt. Der Mogul
von Westminster hat sehr viel Geld gewonnen.

Ans Teilen denkt er nicht. Geschickt verbreitet er unter
den Kleinradfahrern das Gerücht, der Saboteur wolle
mit ihrem Anteil davonreiten, was sie erbost.

Der Mogul von Westminster braucht nichts zu fürch-
ten, da sich der Saboteur an nichts erinnert und die
Kleinradfahrer nur für Pferde wahrnehmbar sind. Letztere werden künftig gemieden. Neuerdings arbeitet der
Mogul mit einem metaphysischen Kaninchen zusammen, das nur auf Windhunde wirkt.

Die Briefe

Die Briefe, die mich von einem ausgewanderten Freund aus dem benachbarten Ausland erreichten, wiesen zunehmend Merkmale einer fortschreitenden Persönlichkeitsveränderung auf. Anfangs waren es bloß grammatikalische Eigenheiten oder orthographische Kapriolen, im Laufe der Zeit war jedoch das Entstehen einer neuen Sprachregelung zu beobachten, die endlich in dem Verzicht auf Rechtschreibung und Sinnzusammenhang kulminierte.

Ungefähr im mittleren Stadium kam der ausgewanderte Freund einmal als Zigeunerbaron verkleidet über die grüne Grenze, um mich zu besuchen.

Auf unsere Korrespondenz angesprochen, lächelte er entwaffnend und bekannte, kaum noch schreiben und lesen zu können, so gut ginge es ihm in der neuen Heimat, in die zurückzukehren es ihn bereits nach einer Stunde heftig verlangte.

Ein Jahr verging, und sein Briefstil trat in die letzte Phase ein. Abenteuerlust erwachte in mir; ich beschloß, einen Kurzurlaub bei dem kompromißlosen Briefschreiber zu verbringen.

Geradezu märchenhaft malte ich mir die Verhältnisse aus, in denen ich ihn antreffen würde. Auf der Bahnreise fragte ich mich ab und zu, ob ich bei meiner Rückkehr noch derselbe sein würde.

Was mich bei Ankunft und Begrüßung beruhigte, war, daß der Besuchte mich erkannte und durchaus verständlich sprach. Allerdings sah ich gleich, daß nichts, was ich vorfand, meinen Vorstellungen entsprach: Ich wollte unter keinen Umständen bleiben.

Gegen Abend hätte ich mich vielleicht ein bißchen eingelebt, was vorzüglich dem Umstand zu verdanken gewesen wäre, daß ich meine eigenen Hausschuhe dabeihatte. Aber nein – ich zog es vor, gleich wieder abzureisen, nachdem ich die Toilette aufgesucht hatte.

»Ich schreib dir«, sagte der Freund beim Abschied.

Die Musik der Gerechten

Als unscheinbarer junger Bursche hatte ich einst beschlossen, zu einer Musikveranstaltung in eine andere Stadt zu reisen. Es handelte sich um eine Musik, die etwas enorm Aufrechtes an sich hatte. Kaum jemand in meinem Alter konnte sich ihrem Einfluß entziehen. Heute wirkt das alles ganz unbegreiflich. Ein dicker Mann stand auf der Bühne und sang immerfort: »Huh, huh, huh, huh« – aber *wie* er das sang! Das Publikum tobte: alles rechtschaffene Leute und so begeisterungsfähig! Mutterseelenallein saß ich mitten unter ihnen im Saal, und mutterseelenallein trat ich in den frühen Morgenstunden erschöpft den Heimweg an. Unterwegs dachte ich: ›Gut, daß ich das Konzert nicht in Begleitung einer weiblichen Person besucht habe. Wir hätten nicht richtig zugehört und hinterher unsere erogenen Körperzonen unsicher aneinandergerieben, womöglich sogar irgendwie ineinandergeschachtelt...‹

Die Not der Ehebrecher

Petermann, dem der Urologe zu regelmäßigem Geschlechtsverkehr riet, hat sich mit seiner (ebenfalls verheirateten) außerehelichen Partnerin in einer Gastwirtschaft niedergelassen, um Fragen des Lebens zu erörtern.

»Tot sein möcht ich schon«, spricht seine Geliebte zu vorgerückter Stunde, »aber sterben mag ich nicht.«

Als Petermann hierüber nachsinnt, gesellt sich ein betrunkener Kontrabassist des Städtischen Sinfonieorchesters zu ihnen. Er trägt ein Toupet, so auffällig wie eine Karnevalsperücke, und sein Hemd ist bis zum Bauchnabel aufgeknöpft. Den ungebetenen Gast vom Tisch zu weisen, wagt Petermann nicht und verachtet sich dafür. Mit Empörung gewahrt er, wie seine Begleiterin arglos mit dem Musiker plaudert. Nicht viel fehlt, und Petermann zerdrückt sein Bierglas. Was muß er mit anhören! Der Störenfried lallt, er müsse Petermanns Geliebte noch in dieser Nacht »besitzen«. Sie brauche es nur zu verlangen, und er hole auf der Stelle seinen Kontrabaß: Ihm schwebe eine rituelle Vereinigung auf dem großen Instrument vor.

Petermann bekommt vor Zorn einen ganz roten Kopf, und der Baßgeiger reißt der schimpfenden Frau Knöpfe vom Mantel, nachdem sie einander eine Zeitlang erbittert angeschubst haben. Heitere Zurufe aus dem Lokal werden laut. Glücklicherweise können die Wirtsleute Frieden stiften.

Als sich alle endlich wieder beruhigt haben, ohrfeigt Petermann den Kontrabassisten. Statt mit Gegengewalt zu antworten, bricht der Geohrfeigte in Klagen über sein verpfuschtes Leben aus und gibt unter Tränen sensible Einzelheiten preis. Besonders die seinerzeit nicht bestandene Konservatoriumsprüfung macht ihm zu schaffen, wenngleich er auch die Geschichte nicht mehr verständlich hervorzubringen vermag.

Auf Drängen der Wirtsleute erklärt sich das gestörte Liebespaar bereit, dem – wie man sich ausdrückt – »larmoyanten Schwein« heimzuleuchten.

Endlich vor dessen Haustür angekommen, erweist sich der nötige Schlüssel als unauffindbar. Lange Zeit wird bei des Sinfonikers Ehefrau Sturm geläutet, wozu der Betrunkene laut grölt. Mit grotesk verruschtem Toupet äußert er sich auf lästerliche Weise über Vanhal, Bottesini und alle Heiligen, will auch sofort vorspielen. Niemand öffnet. Nicht einmal verärgerte Nachbarn zeigen sich, obwohl hier eine eklatante Nachtruhestörung stattfindet.

Die Lage wird brenzlig. In höchster Verlegenheit suchen Petermann und Partnerin das Terrain nach Hilfsmitteln ab. Auf dem Sims eines Parterrefensters finden sich wunderbarerweise vier starke Holzschrauben und ein Schraubenzieher. Mittels dreier Schrauben wird der Schreihals behutsam an der massivhölzernen Haustür befestigt, wozu sein Jackett leider an Kragen und Schultern durchbohrt werden muß. Das Toupet wird extra angeschroben.

Natürlich hat jemand aus der Nachbarschaft telefonisch die Polizei gerufen. Aber bei deren Erscheinen sind die beiden Ehebrecher schon in Sicherheit.

Der Urlaub

Eines Tages ist er da: der Urlaub, die unausweichliche Provokation, das selbstverschuldete Elend, das mich Unsummen Geldes, unwiederbringliche Zeit und so viel von meiner ohnehin geringen Kraft kostet. Vom Alltagsleben, wo man sich immerhin alles einigermaßen eingerichtet und zurechtgelegt hat, unterscheidet sich dieser selbstquälerische Ausnahmezustand vor allem durch die den ganzen Tag in Anspruch nehmende Sorge um Ernährung und sonstige Notdurft. Und: Werde ich heil zurückkehren? Nie und nimmer wird die Unterwäsche ausreichen, was einen entsprechenden Panikkauf zur Folge hat. Ein Vermögen gebe ich aus für Unterhosen, die am Ende doch alle zu klein sind.

Am Ziel einer martervollen und fast endlosen Fahrt erweist sich, daß die teure Unterkunft noch um einiges entwürdigender ist als befürchtet. Es ist ein ganz offensichtlich selbsterrichtetes Gebäude, von einem ebenso entschlossenen wie von Herzen unbegabten Laien aus heterogensten Elementen zusammengehauen, was auch für die Möblierung gilt. Das Ambiente entzieht sich der Wiedergabe durch Worte, für eine bildhafte Beschreibung reicht keine der heute bekannten Sprachen aus. Wir lernen den Baumeister, den Ehemann der Pensionswirtin, nur inoffiziell kennen; allnächtlich kehrt er randalierend aus dem Wirtshaus heim und wünscht seine Frau zu erschlagen. Die läßt ihn aber gar nicht ins Haus. Am nächsten Morgen bringt sie uns stets freundlich das

Frühstück, ohne jemals ihren Gatten zu erwähnen. Wir sehen ihn auch nie tagsüber, seine aktive Zeit ist die Nacht.

Ein diagnoseresistenter, empfindlicher Schmerz im linken Arm, der mich fortan am Einnehmen der angeborenen Schlafposition hindert und nie wieder vergeht, ist bereits am zweiten Morgen zu beklagen. Am dritten Morgen reisen wir ab. Wir sind sehr behutsam mit dem Urlaubsort umgegangen und haben nach Möglichkeit nichts angefaßt.

Gefahren der Philosophie

In jungen Jahren stellte ein Europäer Betrachtungen über die Dinge des Lebens an, während er schaukelte. Das führte nach heftigen, hohen Schwüngen zu einem Überschlag der Schaukel. Mit ungläubigem Kopfschütteln überlebte der junge Mensch den Sturz. Wenn die Schaukel in späteren Jahren auch einem Polstersessel wich, so nahmen die Betrachtungen doch weiterhin den gleichen Ausgang. Nacht für Nacht fand sich der gealterte Europäer mit immer ungläubigerem Kopfschütteln überlebend am Boden wieder. Dort traf ihn seine Frau nicht selten inmitten seiner über den ganzen Teppich verstreuten Schallplatten liegend an.

Die Krise

Als Maler war ich am Ende. Ich warf alles auf den Müll und gab meine Wohnung auf. Im Hause des mir durch eine frühere Freundin flüchtig bekannten Ehepaares Lützow bezog ich, auf ein Jahre zurückliegendes, mir fahrlässig gemachtes Angebot eingehend, eine Dachkammer. Länger als Herrn Lützow lieb war, partizipierte ich an seinem Haushaltsbudget. Bald verlangte er, ich solle Kostgeld zahlen oder verschwinden. Doch davor bewahrte mich seine Ehefrau Anneliese, die mich gern im Hause litt.

Mit der Zeit gewann ich unweigerlich intime Kenntnisse der Lützowschen Ehesituation, die nur zerrüttet genannt werden konnte. Die Frau wohnte im Parterre, der Mann in der ersten Etage. Ein jedes schlief in seiner Hälfte des durchgesägten Ehebetts. Beide Ehepartner waren mit eigenen Farbfernsehern und Stereoanlagen ausgerüstet. Unten lief Frau Lützow mit Kopfhörern an meterlangem Kabel herum und hörte ihre Radaumusik, oben genoß der Gatte Wagner-Opern und Bach-Kantaten unter gleichen Umständen.

Es ergab sich ganz von selbst, daß ich viel Zeit im Erdgeschoß bei der vernachlässigten Ehefrau verbrachte. Allgemach gewann Anneliese mich herzlich lieb und verwöhnte mich nach Strich und Faden. Von ihr ermuntert und mit Material versorgt, nahm ich die künstlerische Arbeit wieder auf. Kaum schlief ich noch in der Dachkammer. Herrn Lützow ging ich aus dem

Weg, denn er hatte kein freundliches Wort mehr für mich. Was verschlug's? Wir beiden Renegaten im Erdgeschoß waren bei der Verwirklichung unseres gemeinsamen Lebensplanes gar nicht auf seine Unterstützung angewiesen. Von ihrem greisen Vater, der seinen Schwiegersohn am liebsten erwürgt hätte, erhielt Anneliese jede gewünschte Summe. Fidel ging es zu bei uns! Lützow mußte im Wirtshaus essen, denn seine angetraute Küchenmagd besuchte mit mir Konzerte, Programm-Kinos oder Abnormitäten-Kabinette.

Dieser intensiven Ausgehphase folgte eine Zeit der Häuslichkeit. Unvollendete Gemälde und Pullover wurden begonnen. Anneliese und ich lagen den ganzen Tag im Bett, abends mit gedämpfter Beleuchtung. Beide stellten wir bei uns eine deutliche Gewichtszunahme fest. So verging ein schönes Jahr.

Eine sensationelle Zäsur war zu verzeichnen, als Begonia die Szene betrat. Begonia war Sängerin am örtlichen Opernhaus, ursprünglich am Teatro Musicale di Poggibonsi. Lützow hatte sie sich zugelegt, um seiner Frau zu demonstrieren, wie man mit Stil außereheliche Beziehungen pflegt. Bis an die Grenze seiner finanziellen Leistungsfähigkeit hatte er die schlechtbezahlte Inhaberin eines hochdramatischen Soprans mit Schmuck und modischer Kleidung behängt, ja sogar mit einem schnittigen Kleinwagen ausgestattet. Nie sah man Lützow mehr ohne Lippenstiftspuren im Gesicht oder am Kragen.

»Sie sollen ja so schnell altern, die armen Südländerinnen«, meditierte Anneliese. Begonia näherte sich der Endphase ihrer Hochblüte; ein Mann ohne festen Charakter konnte sich an ihr leicht zum Idioten machen.

Und sie kam sogar zu mir ins Haus! Nur mit Mühe konnte ich mich vor Anneliese beherrschen, die mir täglich ärger auf die Nerven ging mit ihrer huhnhirnigen Art und dem kreischenden Gelächter. Sie vernachlässigte ihr Äußeres, ultramarinblaue Haare paßten ebensowenig zu ihr wie die ordinären Hosen, die sie seit dem letzten Schlußverkauf trug. Ich verlagerte meine Präsenz zunehmend auf die Dachkammer und schützte Weltschmerz oder Migräne vor.

Wann immer ich konnte, beobachtete ich Begonia, die ständiger Gast des Hauses Lützow war. Bald stahl ich ihre Photographie aus Herrn Lützows Brieftasche. Der Diebstahl konnte nie aufgeklärt und mir nichts nachgewiesen werden. Aber die Situation war bedenklich geworden, meine Tage bei Lützows waren gezählt.

In einem Teil des Gartens, dessen Betreten mir und sogar Anneliese so streng verboten war wie einst ein Teil des Paradieses den ersten Menschen, pflegte während der Theaterferien Begonia ihren Leib der Sonnenstrahlung auszusetzen. Lützow lag im Liegestuhl neben ihr. Weil sie im Privatleben allergisch gegen Opernmusik war, trug er seine Kopfhörer, die durch ein Kabel von Überlänge mit dem »Audiocenter« im ersten Stock des Hauses verbunden waren. ›Die Walküre‹ hörte er, während das Auge wohlgefällig auf dem ruhte, was an Begonia ach so vergänglich war. Zu dem Zeitpunkt, da ich mich zur Offensive gezwungen sah, lag sie wieder wie die Sünde im Garten. Wenn ich mich in Lützows Studierzimmer schlich, solange der im Garten war, konnte auch ich das Auge mit Wohlgefallen auf der Sängerin ruhen lassen. Ich begann den mildtätigen Sinn tiefer Verschleierung zu ahnen.

Anneliese war an jenem Augustnachmittag bei ihrem Vater, um sich Trost und Geld zu holen. Im Treppenhaus belauschte ich ein Gespräch zwischen Begonia und Lützow. Der Stereoverstärker war infolge übertriebenen Gebrauchs defekt, was sofortige Reparatur erheischte. Mit dem Gerät in der Einkaufstasche verließ Lützow das Haus. Wie gut, daß er einen Fachmann in der Nachbarstadt kannte, mit dem er umzugehen wußte. Notfalls blieb er mit beleidigtem Gesicht so lange in der Werkstatt stehen, bis der Fachmann klein beigab und die Reparatur ausführte, nur um ihn loszuwerden. Begonia und ich waren auf unabsehbare Zeit allein. »Ich kann auch ohne dich in der Sonne liegen«, hatte sie zu Lützow gesagt.

Und da lag sie nun. Sofort holte ich eine auf Keilrahmen gespannte Leinwand und Acrylfarben in Lützows Zimmer mit dem Gartenblick. Binnen einer Viertelstunde schuf ich einen genialischen weiblichen Akt von höchster Expressivität. Begonia war an ihrer Sonnenbrille eindeutig zu erkennen. Nach Vollendung der Arbeit lief ich mit dem Bild zuerst in die Küche und dann hinaus in den Garten. Es gab kein Zurück mehr. Mit dem Gemälde, einer Flasche Markensekt und zwei Gläsern warf ich mich Begonia zu Füßen.

Am Abend, als Lützow zurückkehrte, war zwar sein Stereoverstärker wieder ganz, doch seine Liebschaft hinfällig. Die treulose Sängerin und ich waren zu ihr nach Hause übersiedelt. Ein Bett, einen Kühlschrank und einen Fernsehapparat gab es dort auch. Vor Zorn wird Lützow das frisch reparierte Gerät wohl an die Wand geworfen haben.

Weil Theaterferien in der Provinz, zumal ohne

Möglichkeit der Gartenbenutzung, so langweilig sind, schlug Begonia nach ein paar Tagen vor, zu ihrer Familie in die Toskana zu fahren. Begonia besaß ja einen schnittigen Kleinwagen (geschenkt ist geschenkt), damit ließ sich ganz gemütlich reisen.

Kurz vor München rückte Begonia damit heraus, daß sie ein Kind habe. Es sei in einem Münchner Vorort bei guten Menschen untergebracht, und sie wolle es ihrer Familie nicht länger vorenthalten. Ob ich nicht den Vater spielen wolle? Ich mimte den Verständnisvollen, bis ich das Kind, Graziella, kennenlernte. Sie warf diverse Gegenstände nach mir. Wenn sie nichts warf, schrie sie bestialisch. In der Nähe von Innsbruck war der Ofen aus. Entwurzelt stand ich mit meiner Reisetasche auf dem Trottoir vor einer Eisdiele. Begonia war wutentbrannt auf Nimmerwiedersehen mit ihrem Töchterchen in Richtung Heimat davongebraust, nachdem der Ersatz-Papa der lieben Graziella in Notwehr eine geklebt hatte. Lange war ich damit beschäftigt, Eis und Sahne aus meinem Gesicht zu wischen. Die Frisur hatte sehr gelitten.

Ich war noch nie ein geschickter Taktiker gewesen, deshalb beging ich in meiner desolaten Lage die Torheit, ausgerechnet Lützows anzurufen. Anneliese war nicht einmal gewillt, mit mir zu reden. Wie Herr Lützow sich ausdrückte, waren sie Leute von Format, die so was wie mich nicht nötig hätten, wo sie demnächst doch ein Kind miteinander haben würden. Ich solle mich seinetwegen umbringen.

Da stand ich also vor dem Nichts, glücklicherweise aber nur für Minuten. Wie ich so dastand, erweckte ich das Mitleid einer jungen Frau von angenehmem Wesen.

Trotz meiner ruinierten Frisur nahm sie mich mit in ihr Häuschen am Rande der Stadt. Im Obergeschoß des Häuschens fand ich ideale Verhältnisse für ein Atelier vor. Das freute meine Gastgeberin, und beim ersten Fachgeschäft am Platze kaufte sie schnellstens Kunstmalbedarf für mich.

Aber als Maler war ich, wie eingangs erwähnt, am Ende. Meist hielt ich mich im Parterre auf, wo der Gatte meiner Gönnerin wohnte und jeden Mittwochabend Orgien mit begeisterungsfähigen Politessen feierte.

Das Gesicht

Hubert machte wieder sein Gesicht.

Schon sein Vater hatte so ein Gesicht gemacht.

Auch von einer Tante war dies überliefert.

Hubert sah seiner Mutter sehr ähnlich.

Allmählich reifte er mit diesem Gesicht zum Manne heran.

In einem Kleinwagen fuhr er auf Brautschau.

Am Hochzeitstag war bei Huberts Braut das gleiche Mienenspiel zu beobachten.

Es dauerte, bis die jungen Eheleute ihre natürliche Scheu voreinander überwunden hatten.

Die Geburt des ersten Kindes änderte nichts am Gesichtsausdruck der Eltern.

Bald waren es zwei Kinder.

Sie beeinflußten ihre Spielkameraden.

Eines Nachts hatte Hubert einen seltsamen Traum.

Dieser Traum beschäftigte ihn noch lange.

Selbst bei der Arbeit konnte Hubert an nichts anderes denken.

Nicht einmal zu Weihnachten.

Hubert isolierte sich, saß beim Radio und machte sein
Gesicht.

Das Vernichten der Dokumente

An einem Nachmittag im Spätherbst sind zwei Maler, Gustav und Fraunstätter, auf dem Weg zu einer Freundin, in deren kleinem Ofen sie Dokumente verbrennen wollen. Unterwegs sprechen sie natürlich über die Kunst. Fraunstätter, der jüngere, klagt dem Kollegen sein Leid:

»Ach Gustav, es ist ja so schwer mit der Kunst. Wie soll unsereins noch einen originellen Beitrag zur Kunsthistorie beisteuern, wo es doch so gut wie alles schon gibt! Ich habe lange hin und her überlegt, aber letztlich alles verworfen.«

Gustav bleibt stehen. Er hält Fraunstätter wortlos ein Fläschchen hin, das jener gern nimmt und leertrinkt. Sie gehen weiter. Im Nebel des Nervengiftes läßt sich Fraunstätter dann weiter aus. Er spricht von seiner Erkenntnis, daß alles Quatsch sei, womit er sich so angestrengt beschäftige. Gustav spitzt die Lippen und wackelt mit dem Kopf. Auch er hat Probleme, zum Beispiel legt seine Frau überall in der Wohnung Süßigkeiten aus, denen er nicht widerstehen kann. Fraunstätters Stimme hat zu zittern begonnen:

»Seit Knabentagen gelüstete es mich kürzlich erstmals wieder, Laubsägearbeiten auszuführen. Möglicherweise hätte ich damit noch eine Nische füllen können. Doch wehe, wehe, mein einziges Sägeblatt riß gleich beim ersten Streich.«

Weil er nicht weiß, was er dazu sagen soll, schweigt

Gustav. Als Jugendlicher hat er ein Gotteserlebnis im Harz gehabt. Er denkt an seine eigene künstlerische Entwicklung, während Fraunstätter weitergreint. Seit seiner letzten Radierung, auf der ein Mann zu sehen ist, welcher den Griff einer Teigrolle (Nudelholz) in den Mund gesteckt hat, ist er selbst neugierig, wie es weitergehen wird. Einzig die Süßigkeiten bereiten ihm Sorge. Indessen lamentiert Fraunstätter:

»Ja, was habe ich nicht alles in Angriff genommen: mißratene Kinder in Acryl, alte Damen in Bleistift, humorige Federzeichnungen von Königen, des Nachts sogar abstrakte Hähne und Gliederpuppen – alles Mist, alles von anderen schon längst viel besser gemacht! Während der letzten Tage habe ich mit kalten, aber feuchten Füßen das Bett gehütet, so hat mir der Kopf geschwirrt. Es ist ein Kreuz mit der Kunst.«

Nachdem Fraunstätter also gesprochen hat, erwidert Gustav: »Ach, was weißt denn du von Kunst!«

Fraunstätter sagt nichts mehr, sondern beißt sich auf die Unterlippe.

Schweigend überqueren die Maler einen Platz mit etwas undeutlichen Gebäuden, vor denen einige Kinder-Tretroller herumliegen. Gleich um die Ecke wohnt die Freundin, deren kleiner Ofen, wie wir uns erinnern, das Ziel der Künstler ist.

Die vielen Kinderwagen, Fahrräder, Zementsäcke, Schränke und Bierkästen im Treppenhaus lassen es erstaunlich wirken, daß auch noch die Treppe Platz findet. Neben den Briefkästen steht in forscher Kreideschrift an der Wand: »Ich bin gegen Wäsche im Briefkasten!« Auf jeder Etage türmen sich Briefe und Postwurfsendungen. Die Freundin wohnt ganz oben, wohin nur ganz Entschlossene gelangen. Die Wohnungstür ist ausgehängt, und die Besitzerin des kleinen Ofens arbeitet in ihrer Küche an etwas, das aussieht wie eine ausgestopfte Kuh: ihr Alterswerk.

Nach der förmlichen Begrüßung inklusive Umarmung sagt Gustav:

»Wir sind gekommen, um Dokumente zu vernichten. Brennt das Feuer in deinem kleinen Ofen?«

»Es brennt«, antwortet die Frau, woraufhin Gustav seinen Kollegen auffordert, ihm zum Ofen zu folgen. Während sie aber die Dokumente vor dem Verbrennen sortieren, geraten sie in Streit um den rechten Glauben, und Fraunstätter will den kleinen Ofen aus dem Fenster werfen. Von nebenan fragt die Freundin:

»Vernichtet ihr auch schön die Dokumente?«

Fraunstätter und Gustav wälzen sich in Form eines haßerfüllten Knäuels kreischend am Fußboden.

»Kommt bitte her!«, ruft die Freundin.

Und als die beiden mit zerrauften Frisuren vor ihr stehen, droht sie ihnen:

»Wenn ihr euch nicht vertragen könnt, dürft ihr keine Dokumente mehr in meinem Ofen verbrennen.«

»Dann wollen wir auch nicht mehr leben«, rufen die Maler wie aus einem Munde.

Dies geht der gestrengen Freundin aber zu Herzen! Auf der Stelle bereut sie ihre harten Worte.

»Vergebt mir!«, ruft sie, die Maler an ihre Brust drückkend.

Und dann sitzen sie alle drei vor dem kleinen Ofen. Mit dem Widerschein der Glut auf ihren Gesichtern stecken sie lachend die Dokumente Blatt für Blatt ins Feuer.

Romanze

In einem sehr alten Gartenhäuschen lebten zwei Schwestern. Eines Abends wurde auch ich dort wohnhaft. Wir standen einander anfangs mißtrauisch gegenüber, doch das änderte sich, als ich das schadhafte Dach instand setzte. Über Nacht wollte ich es nämlich nicht lassen, wie es war, da mit Regen gerechnet werden mußte. Ich stand also auf dem Dach und hantierte erfolgreich mit langen Bahnen von Dachpappe, bis die Nacht und der Regen kamen. Und wirklich war es später, nach einer kleineren Beißerei in der Kochnische, sehr behaglich in dem Gartenhäuschen. Meine Reparaturleistung wurde lobend anerkannt. Die jüngere der beiden Schwestern lag sogar noch am selben Abend beim milden Schein der Petroleumlampe an meiner Seite, so daß ich ihr Gebiß betrachten konnte.

Der pneumatische Tippfehler

Frau und Herr Füf verlassen ihr Segelschiff und gehen an Land. Sie mit einer Luftpumpe, er mit Schreibmaschine. Während Herr Füf am Strand bleibt, um auftragsgemäß die Geschichte der Seefahrt zu tippen, dringt seine Frau mit der Luftpumpe ins Landesinnere vor und pumpt unterwegs dies und das auf. Bald erreicht sie ein Dorf, an dessen Eingang sie auf das Empfangskomitee trifft: lauter verwegene Gestalten mit sonnengebleichten Gesichtern und handschuhähnlichen Mützen. Sie bilden aus Knotenstöcken und Schrotflinten ein Spalier, das Frau Füf demütig durchschreitet. Den Bürgermeister des Dorfes findet sie auf dem Totenbett, kann ihm aber mit der Luftpumpe helfen. Auch pumpt sie eine Sängerin auf, der die Luft ausgegangen und deren Stern deshalb im Sinken ist.

Herr Füf hat sich inzwischen schwer vertippt, und das Segelschiff ist explodiert. Er nimmt die Schreibmaschine samt Tippfehler unter den Arm und macht sich auf die Suche nach seiner Frau; allerlei Aufgeblasenes weist ihm den Weg. So gelangt Herr Füf zwangsläufig zu besagtem Dorf. Zunächst begibt er sich in die Kirche und betrachtet am Altar nachdenklich eine in einem Glaskasten aufgebahrte weichgestopfte Puppe mit Vinylkopf. Frau Füf tritt hinzu und möchte die Puppe aufblasen, wird aber von ihrem Ehemann daran gehindert. Dann zeigt er ihr den schweren Tippfehler. Den pumpt sie sogleich auf, wodurch aber nichts besser wird. Im Gegenteil: Leute mit so einem großen Tipp-fehler sind in dem Dorf nicht erwünscht. Der Bürger-meister und das Empfangskomitee werfen die Fremden hinaus.

Irgendwo im Hintergrund klagt die Opernsängerin schon wieder über Luftverlust. Füfs erkennen, daß es daheim am besten ist, doch ohne Schiff können sie nicht heimkehren. Durch einen günstigen Zufall begegnen sie ein paar Zwergen, die sich überreden lassen, das Ehepaar auf einem Floß voller Langspielplatten mitzu-nehmen. Als Fahrpreis verlangen die gierigen Zwerge Luftpumpe und Schreibmaschine, allerdings ohne den Tippfehler. Auf See malen sich Herr und Frau Füf den Ärger mit ihren Auftraggebern aus, wenn sie ohne Schiff, Luftpumpe und Schreibmaschine zurückkehren und statt der Geschichte der Seefahrt lediglich einen aufgeblasenen Tippfehler mitbringen werden. Zu allem Überfluß sinkt das Floß, da ist es ein Glück für alle, einen unsinkbaren, aufgepumpten Tippfehler dabeizu-haben.

Das verfrühte Nachschenken

Ein kleines Mädchen lebte einst mit einem greisen Dichter zusammen. Den ganzen Tag lebten sie der Poesie, abends sogar mit Beleuchtung. Unter den Händen des greisen Dichters füllten sich mächtige Papierstapel mit todessehnsüchtigen Sonetten. Das kleine Mädchen füllte das stets leere Glas des Alten wieder auf, so daß er keine Not leiden mußte. Manchmal schauten beide in ihren alten Schulatlas, der Poet fuhr dann jedesmal mit dem rechten Zeigefinger hilflos auf den Landkarten herum, blätterte auch unmäßig in dem Atlas, wobei er über den Rand seines schon wieder geleerten Glases raunte: »O Geographie! Rußland – Bayern – alles verlernt!«

Dann mußte sie ihm seine Selbstzweifel ausreden, was ihre kindlichen Kräfte vollauf in Anspruch nahm, und es konnte, weil er in solchen Zuständen der Zerknirschung langsamer trank, ihrerseits leicht zu verfrühtem Nachschenken kommen. Eines Abends kam es auch so. Ein Augenblick der Unachtsamkeit genügte, das Glas lief über, und des Alten Beinkleider waren durchnäßt. Der schreiende Schriftsteller jagte das kleine Mädchen aus dem Haus – eine Tat, die ihm allein zum Nachteil gereichte. Unter seinen Papierstapeln begraben mußte er schon kurz darauf verdursten. Das kleine Mädchen jedoch, das sich notgedrungen der Poesie begeben mußte, zähmte die Wölfe, unter die es draußen in der Welt gefallen war, und ließ sie öffentlich für Geld possierliche Kunststücke verrichten, was wesentlich zur ansonsten recht ungesicherten Altersversorgung der inzwischen herangewachsenen jungen Frau beitrug.

Das Erlebnis

Wir leben am östlichen Rande des von Menschen besiedelten Gebietes. Weiter im Osten gibt es nur noch zwei Kirchtürme, dann nichts mehr. Daß da eine Stadt liegen soll, wie uns ein Waldläufer erzählt, glauben wir nicht.

Manchmal, an späten Samstagnachmittagen, wenn der Wind entsprechend steht, höre ich die Glocken der fernen Kirchtürme herüberklingen. Aber wenn da eine Kirche ist, deren Glocken ich läuten höre, dann müssen dort vernünftigerweise auch Menschen sein. Das bespreche ich mit den anderen, und zu siebt ziehen wir unter Führung des Waldläufers los, es herauszufinden.

Unterwegs vertraut uns der Waldläufer an, der Wald, durch den wir gerade gehen, sei unberechenbar. Irgend jemand (vermutlich der Bäumler-Manfred) stelle täglich die Bäume um. Bald scheint uns der Wald merkwürdig verändert, und der Waldläufer versichert uns, daß die Bäume heute schon zum zweiten Mal umgestellt worden seien. Zudem wird es dunkel, da erscheint es uns ratsam, in einer Hütte zu übernachten.

Ganz früh am nächsten Morgen weckt uns der Waldläufer durch ruckartiges Wegziehen der Decken unter meckerndem Gelächter. In Mänteln haben wir geschlafen. Die Uhrzeit ist uns unbekannt, weil der Waldläufer offenbar unsere Uhren verstellt hat, während wir schliefen. Obwohl es ihm möglich gewesen wäre, hat er uns nicht im Schlaf erschlagen. Auch der Versuchung, uns mit eiskaltem Wasser zu überschütten, widerstand er. Sein gekränkter Dämon hat ihn dann aber doch wenigstens zum Verstellen unserer Uhren getrieben. Es gibt keine Möglichkeit zum Waschen oder Zähneputzen, die Notdurft muß im Freien verrichtet werden. Weder feste noch flüssige Nahrung haben wir, trotzdem verschmähen wir die freundlich dargebotene Schnapsflasche des Waldläufers. Draußen vor der Hütte sehen wir einander an, wie man einander unter solchen Umständen ansieht. Der Waldläufer verläßt uns, denn es ist kein Wald mehr da. Irgend jemand (der Bäumler-Manfred?) muß die Bäume fortgenommen haben. Wir gehen allein weiter in Richtung Osten. Nach vielleicht einer halben Stunde treffen wir auf Menschen, die ihrerseits erstaunt sind, so weit westlich Menschen anzutreffen. Von ihnen erfahren wir die genaue Uhrzeit, und sie berichten uns von der Stadt, aus der sie kommen, kneten uns sogar aus Lehm ein maßstabgetreues Modell und erklären uns die Straßenführung. Nach und nach lösen sie sich in einen Krähenschwarm auf und fliegen davon. Wir zeichnen schnell eine Karte von dem Lehmmodell, bevor es ebenfalls davonfliegt. Nun sind wir bestens unterrichtet über die Stadt, die wir zehn Minuten später tatsächlich erreichen.

Die Karte hilft uns wenig – irgendwer muß die Häuser umgestellt haben. Sofort verlieren wir einander aus den Augen und stecken alles Geld, das wir besitzen, in Automaten oder unsinnige Anschaffungen. Und zu Hause gibt es gerade Tee und Kuchen ... Die fremde Stadt ist nichts für uns. Zweien der Unsrigen wird der Aufenthalt in einer Musikalienhandlung zum Verhängnis. Beim Inhaber bereits in Ungnade gefallen, weil sie sich geweigert haben, einen völlig ungenießbaren Schokoriegel von ihm anzunehmen, ziehen sie sich seinen Zorn vollends zu, als sie auf der Flucht vor ihm versehentlich einige Gamben, Theorben und Orgelpositive zertrampeln. Nur durch Suizid entgehen sie lebenslänglicher Festungshaft. Ein anderes Mitglied unserer Gruppe verliert in einem Kaufhaus die Beherrschung und stiehlt einen leopardenfellbezogenen Kugelschreiber. Vor den Augen der Kundschaft wird der Ladendieb vom hauseigenen Detektiv hingerichtet. Damit nicht genug: Ein bedauernswerter Gefährte erliegt beim Blättern in unzüchtigen Druckwerken einer Lustseuche. Mit schlechtem Gewissen angesichts der hohen Verluste blase ich, dessen Überlegungen schließlich zu dieser Expedition geführt haben, zum Rückzug in die Heimat. Ohne uns noch einmal umzuwenden, rennen wir Überlebenden aufs Geratewohl der untergehenden Sonne entgegen. Dem Wald begegnen wir nicht wieder, wohl aber kommt uns jemand (der Bäumler-Manfred?) mit einer Säge entgegen und weist uns die Richtung. Aus Dankbarkeit springen wir an ihm hoch und versuchen, mit den Zungen sein Gesicht zu erreichen, aber er wehrt uns gutmütig ab. Wir laufen mit heißen Köpfen weiter, und diejenigen von uns, die wieder heimfinden, berichten später am Lagerfeuer von Ungeheuern und Höllenrachen.

Eine irdische Begebenheit

Nachdem die Reichsacht über sie verhängt worden ist, fliehen zwei Beerdigungs-Discounter über Land.

Dabei geraten sie alsbald in den Wirbel einer Familienfeier, wo sie herzlich willkommen sind.

100

Größtmögliche Sympathie wird ihnen entgegengebracht; an der Kaffeetafel dürfen sie sogar die Tortenstücke ihrer Tischnachbarn anfassen.

Zum Abendessen können die Begräbnisfachmänner
aber nicht bleiben, denn sie müssen weiterfliehen.

Die Hausfrau eilt ihnen nach und schenkt ihnen zum Abschied eine tiefgefrorene Poularde.

Kaum sind die beiden außer Sichtweite, da haben sie die
Poularde auch schon in einem Vorgarten vergraben.

Leidenschaft im Strudel der Zeit

Die diesjährige Äquinoktialnacht gedenken wir mit Hexenkünsten und Geplapper zuzubringen: Frau Hilversum, Freund Trutzhahn und ich. In Trutzhahns Arbeitszimmer warten wir drei auf übersinnliche Vorkommnisse. Mein alter Freund und seine neue Geliebte haben erst kürzlich über eine Bekanntschafts-Annonce zueinandergefunden. Aus diesem Grunde beschäftigen sie sich weniger mit mir, der ich im schwachen Schein der Leselampe angestrengt versuche, Gespenster zu sehen. Ab und zu ertappe ich mich beim Einnicken. Wenn ich mich richtig erinnere, hat Frau Hilversum vorübergehend unbekleidet am Tonbandgerät gestanden. Ich kann mich aber auch täuschen, genausogut kann ich selbst vorübergehend unbekleidet am Tonbandgerät gestanden haben.

Punkt drei Uhr ist Schluß. Weil ich nicht weiß, wie ich heimkommen soll, fährt mich meines Freundes Geliebte nach Hause. Trutzhahn baut indessen erwartungsvoll das Klappbett auf. Unterwegs erzähle ich Frau Hilversum von einer in meinem Besitz befindlichen Schellackplatte, auf der Chopins sogenannte ›Tristesse‹-Etüde in der Ausführung für Hawaiigitarre zu hören ist. Diese Platte will Frau Hilversum hören und kommt ungerührt mit herein. Beim wiederholten Anhören der ›Tristesse‹ läuft sie zu mir über. Dummerweise schreit sie furchtbar laut, als sie sich mir hingibt. Mir ist das – zumal zu dieser Stunde – sehr peinlich, denn meine Vermieter wohnen direkt unter uns. Am Vormittag rufen wir vom Bett aus Trutzhahn an und unterrichten ihn kichernd. Bestimmt hat er dauernd versucht, uns zu erreichen, aber wir hatten den Hörer abgenommen. Er reagiert völlig humorlos, und tags darauf bekommen wir unsere Photos per Post in unfrankierten Kuverts zurück.

Wofür habe ich jedoch meine alte Freundschaft geopfert! Es geht nicht gut mit Frau Hilversum. Sonntags sind wir bei ihr, dann läuft sie den lieben langen Tag nackt in der Wohnung herum und verlangt von mir, es ihr gleichzutun. Baden soll ich mit ihr, seit dem Kindergarten bin ich nicht mehr so geschurigelt worden. Anläßlich unserer nicht zwanglosen intimen Zusammenkünfte fragt sie mich permanent, ob ich keine besonderen Wünsche hätte. Ich verneine und geniere mich zunehmend vor ihr. Bald meide ich sie. Ganz aus ist es, als bei meinem letzten Besuch ein vollbärtiger, dicker Mensch auftaucht und ungebeten aus seiner Aktentasche große Colorphotos hervorzieht, auf denen Frau Hilversum (durch Perücke unkenntlich gemacht) umständlich klistiert wird. Ich fliehe in die Nacht und laufe kilometerweit zu Fuß nach Hause, wo ich noch lange hinter der Gardine verborgen auf die Straße hinausstarre.

Die Schattenseite des Ruhms

Mit einer alten Hawaiigitarre aus Wehrmachtsbeständen bereiste ich in jungen Jahren die Welt und feierte Triumphe als Virtuose. Wenn ich zum Tanz aufspielte, schrien die Heidenmädchen: »Au ja! Beiß in die Saiten!« Da ich dieser Bitte im allgemeinen entsprach, hatte ich stets rauhe Lippen und wurde infolgedessen von meinen Verehrerinnen nicht geküßt.

Verkelsbergh kriegt sein Fett

Mit dreißig hatte Richard Verkelsbergh das Glück, eine neun Jahre ältere Buchhändlerin namens Olga kennenzulernen, die ein Häuschen mit Garten besaß. Dort zog der junge Mann gleich nach ihrer ersten gemeinsamen Nacht ein und blieb zehn Jahre. Olgas schmales Gehalt mußte für beide reichen, denn Verkelsbergh ging keiner bezahlten Tätigkeit nach. Seine Versuche in den bildenden Künsten (er fühlte sich zum Maler berufen) blieben erfolg- und brotlos.

Ihm war die lange Arbeitszeit Olgas von Anfang an sympathisch, so blieb ihm viel Zeit für sich und seine Neigungen. Olga versorgte ihn mit Büchern und den Haushalt mit allem Nötigen; sie erledigte die Hausarbeit, wenn sie zu Hause war. Duldsam von Natur ertrug sie Verkelsberghs Eigenarten. Nicht zuletzt aber aufgrund des Zusammenlebens mit einem Mann, der bis mittags im Bett lag, Frühstück und Fünf-Uhr-Tee ineinander übergehen ließ und beim Nachtmahl (das sie gekocht hatte) anfing, heftig zu trinken (was sie bezahlte), verfiel Olga zusehends, alterte schneller als nötig. Sie wurde krank. Verkelsbergh mit seiner Abneigung gegen die Schulmedizin hinderte sie daran, einen Arzt aufzusuchen. Statt dessen mußte sie Bücher über Naturheilkunde anschleppen, aus denen Verkelsbergh das Wissen schöpfte, das er an ihr erprobte.

Wesentlichen Beistand auf diesem Gebiet erfuhr er von Gamsbartini, seinem einzigen Freund. Der betrieb in Köln einen esoterisch wirkenden Laden, in dem es Heilkräuter, Voodoo-Puppen, Räucherwerk, Spazierstöcke und Schirmmützen zu kaufen gab. Gamsbartini war ein echter Autonomer, trug ausschließlich selbstgefertigte Kleidung, wobei er der Herstellung paßgenauer Unterhosen größte Aufmerksamkeit widmete und auf diesem Gebiet völlig neue Wege beschritt. In seinem Laden war es finster, im Hinterzimmer, das ihm als Wohnung diente, noch finsterer. Einmal monatlich suchte Richard Verkelsbergh ihn hier auf, und sie besprachen alles, was ihnen wichtig war. Natürlich wußte Gamsbartini von weitem, was Olga fehlte. Pendel, Asche und Geflügelinnereien, fachmännisch gedeutet, versetzten ihn in die Lage, eine präzise Diagnose samt Gegenmittel nennen zu können. Zu Hause praktizierte Verkelsbergh dann einen hochinteressanten Schamanenkult, der aber neben Brandflecken im Teppich nur bewirkte, daß Olga immer elender wurde. Vorsichtshalber bewog ihr Lebensgefährte sie, ihn testamentarisch als Universalerben einzusetzen.

Nach drei Jahren hatte Verkelsbergh aufgehört, Olga begehrenswert zu finden. Sie war es zufrieden gewesen, denn mit fortschreitender Krankheit hätte der Verkehr mit einem so faulen und nichtsnutzigen Mann nur eine Sonderbelastung bedeutet. Eine offizielle Trennung gab es aber nicht. Während der verbleibenden sieben Jahre bewohnte Verkelsbergh den oberen Teil des Hauses; Olga blieb im Parterre, da ihr und der sie pflegenden greisen Nachbarin das Treppensteigen nicht zuzumuten war. Verkelsbergh hatte nach jahrelangen vergeblichen Heilungsversuchen endlich aufgegeben und der Kranken anheimgestellt, einen Arzt zu konsultieren. Natürlich war es da schon viel zu spät, nur noch der Rat konnte erteilt werden, sie solle die letzte Zeit in vertrauter Umgebung verbringen.

Verkelsbergh verkaufte heimlich Olgas Klavier: »Ich erb ja doch alles.« Er ging neuerdings aushäusig zechen. Seit die grotesk gealterte Frau in der Etage unter ihm im Sterben lag, litt es ihn nicht mehr im Haus. Ein beliebtes Lokal in der Stadt, die »Totentanzdiele«, hatte es ihm angetan. Hier trank Verkelsbergh alles durcheinander und fand schnell Anschluß. Im Laufe eines angeregten Gesprächs sprang er eines Nachts auf den Tresen und deklamierte fragmentarisch das ›Fragment‹ von Lord Byron:

> »... and for the future – (but I write this reeling,
> Having got drunk exceedingly to-day,
> So that I seem to stand upon the ceiling)
> I say – the future is a serious matter –
> And so – for God's sake – hock and soda-water!«

Immer und immer wieder repetierten die zahlreichen Gäste des Fieber-Klubs:

> »Hock* and soda-water! Hock and soda-water!«

Es wurde ein furchtbares Gebrüll daraus. Auf der Tanzfläche wälzten sich die Leute, daß es Woyzeck zu Recht gegraust hätte. Dank der zwanglosen Atmosphäre des Etablissements machte Verkelsbergh ganz beiläufig die Bekanntschaft zweier junger Leute, einer zierlichen, etwa zwanzigjährigen weiblichen Person mit fettigwüster Verzweiflungsfrisur und eines etwa ebenso alten

---

* weißer Rheinwein

Jünglings von tumbem Aussehen. Richard Verkelsbergh wurde der Tatsache inne, daß er die weibliche Person, die von ihrem Begleiter »Röschen« genannt wurde, mit der Wucht seiner siebenjährigen Abstinenz begehrte. Er versorgte sie mit Getränken und redete auf sie ein. Besonderen Eindruck machte die Erwähnung der Erbschaft, die er erwartete. Sogar der tumbe Bursche taute auf und zeigte Interesse. Wäre er bei Verstand gewesen, hätte Verkelsbergh die Blicke wahrgenommen, die die jungen Leute tauschten. Zufällig wußten sie ein ganz tolles Haus in traumhafter Lage, das sie ihm kraft ihrer Beziehungen spottbillig, für ziemlich genau die Summe, die der Verkauf seines künftigen Hauses voraussichtlich bringen würde, besorgen könnten. Wenn er interessiert sei, könnten sie es ihm mal zeigen. Leider mußten sie sich schon verabschieden. Seine Telephonnummer hatte er ihnen gegeben, sie würden ihn anrufen. Verkelsbergh mußte mit glasigem Blick ansehen, wie Röschen mit dem Tumben entschwand. Wie standen die beiden zueinander, und würde sie ihm ihre Gunst gewähren?

Ohne daß er von den beiden Nachricht erhielt, vergingen die nächsten Tage. Olgas Pflegerin raunte ihm in der Küche zu, es gehe wohl langsam zu Ende. Öfter als sonst kam der Arzt, dem Verkelsbergh lieber aus dem Weg ging. Eines Nachts hatte er einen unangenehmen Traum: Olga lag sterbend im Flur, in geringer Entfernung wälzte er sich mit Röschen in wilder Ekstase (›Hock and soda-water‹). Weil er den vorwurfsvollen Blick Olgas spürte, schrie er sie an:

»Glotz nicht so blöd, ich kann doch nichts dafür, daß du sterben mußt!« – »Doch!«, schrie der Arzt, packte Verkelsbergh und warf ihn aus der Ballongondel, in der sie sich plötzlich befanden, in die Tiefe. Mit einem Ruck, der das Bett ein Stück von der Wand abrückte, erwachte er. Völlig von Sinnen stand er auf, im Bad rätselte er, wer der Idiot hinter der Glasscheibe über dem Waschbecken sein mochte, bis er sich erkannte. Eine Stelle aus ›Alice hinter den Spiegeln‹ (hatte ihm Olga vor Jahren mitgebracht) kam ihm ins Gedächtnis:

Humpty Dumpty sagte: »Du bist ein Allerweltsgesicht – zwei Augen, Nase in der Mitte, Mund quer darunter. Immer dasselbe. Wenn du dagegen die Augen beide auf der gleichen Seite hättest, zum Beispiel – oder den Mund oben...«

»Das sähe aber nicht schön aus«, widersprach Alice. Aber Humpty Dumpty machte nur die Augen zu und sagte:

»Versuch's erst mal.«

Bekanntlich ist kein menschliches Antlitz symmetrisch. Schlimm wird es aber, wenn, wie im Falle Richard Verkelsberghs, nicht nur die Placierung der Ohren asymmetrisch ist (sein rechtes saß höher und weiter hinten als das linke, was ihn untauglich für den perfekten Genuß von Stereo-Tonaufnahmen machte), sondern auch der Haar- und Bartwuchs an beiden Kopfhälften unterschiedlich ausfällt. Einem gründlichen Betrachter, und ein solcher war Verkelsbergh, konnte es keinesfalls entgehen, daß die Behaarung auf seiner rechten Seite spärlicher war und daß dort die Barthaare waagerecht sprossen. Seit einigen Jahren galt der sorgenvolle Blick des Betroffenen in verstärktem Maße der augenfällig retirierenden Tendenz seines eh schon problematischen Haarkleides. Sein Hautarzt konnte keine krankhafte

112

Veränderung der Haarwurzeln feststellen und tröstete Verkelsbergh mit dem Hinweis auf dessen offenbar funktionierenden männlichen Hormone. Gegen das immer schnellere Durchfetten der immer dünner werdenden Haare riet der Dermatologe häufiges Waschen mit teuren Spezialshampoos. »Das einzige, was bei mir noch richtig arbeitet, sind die Talgdrüsen«, pflegte Verkelsbergh zu bemerken. Besonders die sich lichtenden Stirnhaare (ganz besonders die auf der schon von Natur aus unterversorgten rechten Seite) neigten zu rasender Verfettung. Diese wurde noch gefördert durch manuelles Haare-aus-der-Stirn-Streichen, durch Wind, durch Schwitzen und den Aufenthalt im Bett. Eine einzige Nacht, während der sich der zu Nachtschweiß und Schlafstörungen Neigende auf dem Kopfkissen wand, konnte den Erfolg der Haarwäsche vom Vortag zunichte machen. Es war dringend geboten, nur auf der linken Seite zu schlafen, da die Haare da voller und weniger fettgefährdet waren. Weil dies aber zu Herzschmerzen führte, blieb nur die Rückenlage mit nach links gedrehtem Kopf.

»Herr Verkelsbergh, Herr Verkelsbergh«, rief es da ganz aufgeregt. Das war die Stimme von Olgas Pflegerin, die den Haarbetrachtungen ein gewaltsames Ende bereitete. Es mußte etwas Besonderes vorgefallen sein, und wirklich:

»Können Sie bitte mal bei Frau Olga mit anfassen?« Sie war tot. Hatte sich aus dem Bett gewagt und lag nun auf dem Teppich mit den Brandflecken. Die anschließende Szene war sehr unerfreulich für Richard Verkelsbergh, aber er trat bereits im nächsten Akt die Erbschaft an.

Olgas Überreste waren bestattet, sämtliche Formalitäten erledigt, Verkelsbergh sah sich im rechtmäßigen Besitz des Vorstadthäuschens mit Garten, da rief Röschen an. In zwei Tagen könne er sein zukünftiges Traumhaus besichtigen. Er beteuerte, sich hauptsächlich auf das Wiedersehen mit ihr zu freuen, und tat ihr mächtig schön. Am nächsten Vormittag fuhr er schnell nach Köln zu Gamsbartini. Der sollte ihm ein Horoskop stellen. In dem schaurigen Hinterzimmer des obskuren Ladens erfuhr Verkelsbergh, die Sache sei durch und durch vorteilhaft für ihn. Daher war er blendender Laune, als zum verabredeten Zeitpunkt Röschen und der Tumbe mit einem Campingbus vorfuhren, um ihn abzuholen. Stolz präsentierte er sein frisch geerbtes Haus, was sich zu einem kleinen, die Abfahrt verzögernden Gelage auswuchs. Verkelsbergh trat die Reise in exaltierter Stimmung an.

Wie sich herausstellte, fehlte im Führerhaus des Fahrzeugs der zweite Sitz, also war dort nur Platz für den Fahrer. Röschen und Verkelsbergh mußten hinten, im Koch- und Schlafbereich, mitfahren, wo lauter Matratzen lagen. Zu Verkelsberghs Entzücken schloß der junge Mann die Schiebetür von außen; sie waren ganz allein. Eine Zwischenwand trennte sie vom Führerhaus, zudem hörte der Fahrer laute Musik. »Er kann uns nicht hören«, sagte Röschen. Ob sie was mit ihm habe, wollte Verkelsbergh wissen. »Mit dem Stinker?« war ihre Antwort. Hinreißend sah sie aus, wie die Leiche eines hübschen Mädchens.

Verkelsbergh, trunken von Lust und Wein, machte keine glückliche Figur, wie er an ihren erogenen Zonen herumwurstelte. Da die Fahrt etwa eine Stunde dauern würde, hatten sie Zeit, hinter dem Rücken des unbeirrt durch die Nacht rasenden Stinkers etwas zu versuchen, das aber nicht und nicht zu bewerkstelligen war. Zum Glück besaß man Humor, und auf den gerade erlebten Todesfall konnte es auch noch geschoben werden. Eine volle Weinflasche rollte ihnen in einer Kurve direkt vor die Füße, sogar illegale Möglichkeiten der Berauschung standen zu Gebote, und plötzlich hielt der Wagen; das Fahrziel war erreicht. Alle drei benahmen sich, als sei nichts gewesen.

Ohne etwas vom Weg mitbekommen zu haben, fand sich Richard Verkelsbergh an einem völlig fremden Ort wieder, der angeblich »Ferdengall« hieß. Sehr nobel sah es da aus. Das Haus, eine protzige Gründerzeit-Villa, stand hinter uralten Bäumen kaum sichtbar auf einem parkähnlichen Riesengrundstück. Sämtliche Fenster des Anwesens waren erleuchtet, was einen gefälligen Anblick bot. Ein Fest schien im Gange zu sein, aus einem Fenster flogen Kleidungsstücke. Röschen und der Tumbe erklärten, dies sei das Abschiedsfest des bisherigen Hausherrn. Er, Verkelsbergh, könne für ein Spottgeld der neue Besitzer werden.

»Solange nicht die Hose am Kronleuchter hängt«, wurde im Vestibül gesungen, in der Bibliothek war es aber bereits soweit. Überall aufgedrehte Leute, den meisten guckte der hemmungslose Hedonismus aus den geröteten Augen. Am kalten Büffet wurde Verkelsbergh ein kahlköpfiger Dickwanst als derzeitiger Hausbesitzer vorgestellt. Es war kaum ein Wort zu verstehen, weil ein nackter älterer Herr unbedingt den ›Hummelflug‹ auf einer elektrisch verstärkten Tuba spielen mußte. Röschen fütterte Verkelsbergh und

flößte ihm Qualitätswein ein, der Dickwanst wedelte mit dem Kaufvertrag herum.

Warum dieser Palast denn so preisgünstig sei, wollte der potentielle Käufer erfahren. Mit sehr ernster Miene legte der Hausherr dar, der Grund sei einzig ein moralischer. Aus Protest gegen die unsinnig hohen Immobilienpreise habe er beschlossen, ein Zeichen zu setzen und den Teufelskreis zu durchbrechen:

»Ich weiß, daß mich das ein Vermögen kostet, aber einer muß schließlich den Anfang machen. Alle gesellschaftliche Neuorientierung beginnt beim Individuum.«

›Daß es solch feine Menschen noch gibt‹, dachte Verkelsbergh verschwommen, ›schnell unterschreiben, bevor er korrumpiert wird!‹

Im Bewußtsein, das Geschäft seines Lebens zu machen, unterschrieb er den Vertrag. Alle Beteiligten lachten erleichtert. Auf einmal zeigte sich Röschen ermüdet, und der Tumbe brachte vor, jetzt müsse leider zurückgefahren werden. Dem gewesenen Hausbesitzer standen Tränen in den Augen, als er seinen Vertragspartner beim Abschied umarmte.

Komischerweise war im Führerhaus des Campingbusses inzwischen ein Beifahrersitz nachgewachsen. Natürlich fuhr Röschen vorn mit, Verkelsbergh mußte diesmal allein auf den Matratzen liegen. Er schlief, bis ihn der Tumbe wachrüttelte. Nur mit Mühe fand er ins Haus, der Hausschlüssel brach ihm ab. Glücklicherweise waren in seiner Abwesenheit Einbrecher dagewesen, und ein Fenster im Parterre stand offen, durch das er einsteigen konnte. In Olgas Sterbebett mochte er nicht übernachten, lieber schleppte er sich die Treppe hinauf. Wie Verkelsbergh am nächsten Tag feststellte, hatten die Einbrecher nur sein Spezialshampoo gestohlen. Das war verdrießlich, denn nach der Nachtarbeit seiner Talgdrüsen wirkte das am Vortag eigens für Röschen gewaschene Haar entstellend.

Das Haus mußte zum Verkauf angeboten werden, also gab Verkelsbergh eine Annonce auf und wartete auf Interessenten. Ab und zu rief der Vorbesitzer der Gründerzeit-Villa an und fragte nach dem Stand der Dinge. Verkelsbergh erkundigte sich unauffällig nach Röschen und hörte, sie sei nach Ibiza ausgewandert, es könne aber auch Polen sein.

Auf das Angebot im Immobilienteil des Lokalblattes reagierte einzig ein gewisser Trangeber, mit Verkelsbergh etwa gleichaltrig, aber von altväterischem Zuschnitt. Eines Samstagnachmittags kam er in Begleitung einer sehr jugendlich wirkenden jungen Frau zur Besichtigung des Objektes. Leutselig sagte Verkelsbergh bei der Begrüßung: »Ah, das Fräulein Tochter! Charmant, charmant!«

»Das ist meine Frau«, erwiderte Trangeber barsch, und jene kicherte.

Alles in allem war Trangeber mit Haus und Preis einverstanden, nur als er hörte, es sei neulich eingebrochen worden, wurde er unsicher; meinte, ein Haus ohne Erdgeschoß wäre ihm eigentlich lieber, ein Pfahlbau mit einziehbarer Treppe etwa. Er mußte aber zugeben, daß solche Häuser rar seien und bestimmt wesentlich teurer als das eben besichtigte. Zwischendurch lief er wiederholt in den Garten und ließ gut hörbar Luft ab. Frau Trangeber kicherte jedesmal.

»Ich glaube, er möchte das Haus gern kaufen«,

meinte Verkelsbergh, »sonst würde er nicht extra hinausgehen.«

Er hatte recht. Auch der altväterische Trangeber war ein Mann von spontanen Entschlüssen: Auf der Stelle wurde der Kaufvertrag unterschrieben. Frau Trangeber schlug vor, sie sollten am nächsten Sonntagvormittag alle drei gemeinsam in die Sauna gehen. Dafür bekam sie von ihrem Ehemann eine Maulschelle, verbunden mit schweren Vorwürfen. Den Vorschlag mit der Sauna fand auch Verkelsbergh blöd. Er war dafür, den Handel jetzt gleich mit allem zu feiern, was die Hausbar hergab. Niemand war dagegen, am wenigsten Frau Trangeber, die bald einen hochroten Kopf bekam und vor Vergnügen schrie. Ihr Mann schrie ebenfalls; er zog sich sogar das Oberhemd aus, um Verkelsbergh eine Operationsnarbe zu zeigen. Zum Luftablassen ging er nicht mehr in den Garten.

Es kam der Punkt, da hatte die Feier den Zenit überschritten. Als erste schlief Frau Trangeber ein. Ihr Mann redete noch eine Weile irre, dann rollte er sich unter dem Couchtisch zusammen und entschlummerte gleichfalls. Verkelsbergh erklomm die erste Etage und schlief in seinem Bett.

Irgendwann am nächsten Tag suchte er, krank an Leib und Seele, mit total fettigen Haaren die Küche im Erdgeschoß auf. Die Treppe behutsam hinabsteigend, hörte er Geräusche, Geklapper in der Küche und die Stimme eines Fernsehreporters. Und wahrhaftig: Da saß Trangeber in Olgas Wohnraum. Er schaute sich Skiweitsprung im Fernsehn an. Frau Trangeber hatte aufgeräumt, im Moment wusch sie wohl ab. Hier war Verkelsbergh nicht länger zu Hause. Welch

Glück: In eben diesem Schicksalsaugenblick rief der Verkäufer der Villa an, so daß die Umzugsmodalitäten geklärt werden konnten. Dankbar akzeptierte Verkelsbergh das Angebot, der Tumbe könne mit einem Möbelwagen gegen geringes Honorar sein Umzugsgut spedieren. Verkelsbergh würde dann gemütlich mit der Bahn nach Ferdengall reisen und nur das Nötigste im Handgepäck tragen. Die Adresse seines neuen Hauses sollte er nicht vergessen. Wie könnte er – sie lautete: Babylonweg 77.

Trangeber überwies Verkelsbergh die Kaufsumme, und der händigte sie in bar seinem Gläubiger aus. Der Tumbe lud gemeinsam mit einem Helfer Verkelsberghs weltliche Güter auf einen Möbelwagen und fuhr nach dem Einstreichen geringen Honorars davon. In dem leeren Haus blieb lediglich Verkelsberghs Handgepäck, zwei Reisekoffer, zurück. Das wollte er abholen, wenn er von der Abschiedsfeier bei Trangebers zurückkäme, und dann mit einem Nachtzug nach Ferdengall fahren. Bis dahin mußte auch sein Hausrat da sein, im Babylonweg 77.

Seine Talgdrüsen hatten wieder fleißig Überstunden gemacht, Verkelsbergh fühlte sich minderwertig. In Trangebers alter Wohnung war bei seiner Ankunft bereits der Freundeskreis des Ehepaars versammelt, und alle trugen frischgewaschene, sorgfältig zu gefälligen Frisuren geordnete Haare. Lauter Frauen, die aussahen wie Dusty Springfield, nippten verwegene Drinks; Männer, denen die Körperbehaarung aus Knopflöchern und Ärmeln quoll, beschützten sie dabei. »Hock and soda-water«, rief Verkelsbergh jetzt lieber nicht. Wieder einmal hatte er die Empfindung, daß die sogenannte Realität etwas durch und durch Unerträgliches sei. Trangebers kümmerten sich nicht ausreichend um ihn, wie ein Depp stand er herum. Sobald Gospelmusik gespielt wurde und alle sich auszogen, verließ er die Wohnung. Zur Strafe hatte er vorher seinen Gastgebern den echten russischen Wodka ausgetrunken.

Von Trangebers bis zu seinem Handgepäck im leergeräumten Haus war es ein weiter Weg. Einen letzten sentimentalen Blick wollte er auf seine Heimstatt der letzten zehn Jahre werfen, sich dann losreißen und mit den zwei Koffern den kurzen Weg zum Bahnhof gehen. Der hastig genossene Wodka bewirkte, daß Verkelsbergh in den falschen Bus ein- und an der falschen Haltestelle ausstieg. Dann wurde er von Passanten in eine noch falschere Richtung geschickt und erreichte zuletzt erstaunlicherweise die Straße, in der sein Haus stand, das jetzt Trangeber gehörte. Ausgerechnet in dieser nebligen Neumondnacht fiel die Straßenbeleuchtung aus, selbst ein Nüchterner hätte Schwierigkeiten gehabt, das richtige Haus zu finden. Verkelsbergh wollte systematisch ein Haus nach dem anderen auf Wiedererkennbares hin prüfen. Zwischendurch vergaß er immer wieder, was er überhaupt suchte. Endlich sprang eine Tür auf, als er mit dem Schlüssel daran herummurkste. Den Lichtschalter zu betätigen lohnte sich nicht, weil der Tumbe beim Möbeltransport die Lampe im Treppenhaus ruiniert hatte. Verkelsbergh hatte seine Koffer deshalb ganz in der Nähe der Tür bereitgestellt, und richtig: Da waren sie, wenn auch nicht an der Stelle, die er sich eingeprägt hatte. Auf den letzten Blick in die leeren Räume verzichtete er, denn es war ihm, als sei noch jemand im Haus. Schnell nahm er die Koffer und ging, bevor ihm etwa Olgas Geist Vorwürfe machen konnte.

Beim Hinausgehen fühlte er sich verfolgt, was auf der Straße unverändert anhielt. Er hörte leise Schritte hinter sich. Schließlich wagte er sich umzudrehen – ein kleines häßliches Mädchen in Mantel und Hut hatte sich ihm angeschlossen. Mit stechendem Blick sah sie ihn an, sagte aber nichts. Ohne Frage war sie ein Ergebnis des exzessiven Wodkagenusses, früher oder später stellen sich derartige Symtpome halt ein. Verkelsbergh beschloß, ruhig abzuwarten, bis sie sich wieder auflöste, und künftig weniger zu trinken. Auf dem Bahnhof sah er sie immer noch. Inzwischen wesentlich nüchterner geworden, kaufte er eine Fahrkarte nach Ferdengall und stieg in den Zug.

Nichts änderte sich während der Fahrt an seiner Halluzination. Das kleine häßliche Mädchen saß schweigend mit ihm im ansonsten menschenleeren Abteil. Nach einiger Zeit kam der Schaffner, um die Fahrausweise zu kontrollieren. Ein wenig hoffte Verkelsbergh, jener werde das Mädchen ebenfalls sehen und nach der Fahrkarte fragen. Er nahm sich vor, alles ganz genau zu beobachten. Zuerst wurde sein Fahrausweis geprüft und zurückgereicht. Dann schien es für Sekunden, als ob der Schaffner das kleine häßliche Mädchen sehe und sich anschicke, nach ihrer Fahrkarte zu fragen. Sie starrte ihm aber derart in die Augen, daß er blaß wurde und schnell das Abteil verließ. Das bestärkte Verkelsbergh in der Überzeugung, sie sei ein Phantom. Auf einmal stand sie auf und ging hinaus, den Gang entlang. War er sie los? Nein, sie kam bald wieder, war wohl nur auf der Toilette gewesen. Der Vorgang wiederholte sich später noch einmal.

Mit dem Zug schien die Fahrt nach Ferdengall mindestens fünfmal so lange zu dauern wie damals mit dem Kleinbus. Wenn Verkelsbergh auch nichts von der Strecke gesehen hatte, konnte er dennoch behaupten, sie sei eindeutig kürzer gewesen. Im Laufe des Vormittags hielt der Zug endlich in Ferdengall. Das kleine häßliche Mädchen stieg mit Verkelsbergh aus, es stieg auch mit ihm ins Taxi zu seiner Villa. Die Fahrt endete in einer Gegend, die sogar entschlossene Optimisten hätte verzweifeln lassen.

»Bitte sehr, Babylonweg 77«, sagte der Taxifahrer, womit er Verkelsbergh empfindlich traf. Unbebautes, überwuchertes Baugelände hinter einem Maschendrahtzaun zwischen zwei Baracken mit den Nummern 75 und 79, von einem Schild als »Eigentum der Kreissparkasse Ferdengall« ausgewiesen. Das sollte die gewünschte Adresse sein? Verkelsbergh glaubte den Beteuerungen des ortskundigen Berufskraftfahrers nicht. Sie schieden im Streit.

Da stand Richard Verkelsbergh in Begleitung eines kleinen häßlichen Mädchens, das es seiner Meinung nach nicht gab, vor seiner Villa, die nicht zu sehen war, obwohl es sie geben mußte. Daß die mitgeführten Koffer, wie er jetzt feststellte, nicht die seinen waren, paßte ins Bild. Er mußte übergeschnappt sein. Wahrscheinlich war auch Olga gar nicht gestorben, sondern wartete zu Hause auf ihn.

»Nur nicht in die Anstalt, nur nicht in die Anstalt«, summte er vor sich hin. Von einer Telephonzelle aus rief er ein Taxi, glücklicherweise kam nicht wieder derselbe

Fahrer. Das kleine häßliche Mädchen folgte Verkelsbergh stumm zum Bahnhof. Im Zug zurück, starrte sie wieder den Schaffner an und stieg am Ziel gemeinsam mit Verkelsbergh aus. »Nur nicht in die Anstalt«, murmelte er monoton. Bald erreichten sie die Straße, wo Verkelsbergh gewohnt hatte. Das Haus kam in Sicht, Verkelsbergh war auf alles gefaßt. »Nur nicht in die Anstalt.«

Aus einem der Häuser auf der anderen Straßenseite kamen Leute gelaufen, die lachten und riefen etwas. Schon umringten sie ihn und nahmen Verkelsbergh auf zuvorkommende Weise die Koffer ab. Herzlich wurde ihm gedankt, daß er die kleine Ausreißerin wiederbringe, die letzte Nacht im Schutze der Dunkelheit mit ihren Koffern aus dem Haus verschwunden war, bevor sie ins Elite-Internat für Hochbegabte gebracht werden konnte. Verkelsbergh schwieg dazu, nickte nur freundlich. So schnell er konnte, ging er weiter. Wenigstens fand er sein ehemaliges Heim an der gewohnten Stelle. Im Treppenhaus standen seine Koffer.

Beim Weltuntergang

Stundenlang standen wir mit offenen Mündern und hängenden Armen an unserer Straßenecke. Obwohl es Februar war, trugen wir kurze Hosen. Nicht nur blieb in diesem Jahr der Winter aus, nein: es erfolgte bereits um 23.52 Uhr der Sonnenaufgang. Die Meisen brüteten Sofortbildkameras aus, immer mehr Kinder wurden in Konfirmationsanzügen geboren – wir gingen lieber wieder ins Haus.

Aus meinem Musikerleben

Vor vielen Jahren versuchte ich, einen Schulfreund zu überreden, sich einen Elektrobaß zu kaufen, weil in unserer Musikgruppe (allgemein als ›Fiese Kapelle‹ bekannt) die Bassistenstelle vakant war. Der Schulfreund aber schnupperte lieber an allerlei Fläschchen und nahm selbstgebraute Wundertrünke. Von einem wuchs er ein gutes Stück, was ihn irgendwie entstellte. Den Baß hat er nie gekauft. – Einmal, ich sehe keinen Grund, das hier zu verschweigen, haben wir eine geliehene Baßgitarre an elastischen Hosenträgern aus dem Fenster gehängt. Ja, ich erinnere mich gern an meine Vergangenheit als Musiker.

Die Psalmen-Vertonung

Die Komponistin Fredegund Oberste-Katzenrath, in deren Partituren häufig Multiplikations-, Divisions- und Dreisatzrechnungen zu finden gewesen sein sollen, hat, wie es heißt, gegen Ende ihres Lebens einen Heidenfürsten geehelicht, der leidenschaftlich gern elektrische Leitungen und Steckdosen verlegt haben soll.

In ihrer Frühzeit war sie vorübergehend mit einem Mann verheiratet, der wieder und wieder von ihr verlangte, zu einem ihm bekannten Würstchenstand geschafft zu werden, was er als erregendes Erlebnis empfand. Als Gegengewicht dazu hatte Frau Oberste-Katzenrath seinerzeit die Psalmen-Vertonung ins Werk gesetzt.

Diese Psalmen-Vertonung soll nun auf Band aufgenommen werden – ein ehrgeiziges Vorhaben, dessen Verwirklichung anerkannten Fachleuten übertragen worden ist. Die Komponistin selbst hat die künstlerische Leitung übernommen. Der für das technische Gelingen der Aufnahmen verantwortliche Toningenieur und sein immerfort »Hulesu-lesular« sagender Assistent sitzen mit weichen, turbanähnlichen Kopfbedeckungen aufnahmebereit vor dem sagenhaften Reichs-Tonbandgerät, welches von höchster Stelle für diese Produktion zur Verfügung gestellt worden ist.

Wer die Psalmen kennt, kann ermessen, welche Aufgabe ihre Gesamteinspielung darstellt. Da ist es ein Glück für Komponisten und Toningenieure, mit Interpreten arbeiten zu können, die allerhöchsten Ansprüchen genügen. Ein namhafter Kammersänger, der nach eigener Aussage vor nichts Angst hat, leiht dem Unternehmen seine Stimme. Für die instrumentale Ausgestaltung konnte das Ensemble ›Kultpumpe 2001‹ gewonnen werden, dessen Mitglieder vielfach mit Drogenpartys in ihren Landhäusern von sich reden gemacht haben. Lachend geben sie zu, nicht mehr recht zu wissen, ob sie »Männlein oder Weiblein« seien.

Über Wochen hinweg wird eisern Psalm für Psalm eingespielt. Die Aufnahmen geraten ganz unbeschreiblich. Alle Mitwirkenden sind gehobener Stimmung, der Kammersänger läßt sich sogar taufen!

Da kommt ein alter Bekannter, der möchte sich das Tonbandgerät und die Bänder leihen, um seiner Freundin die Aufnahmen vorzuspielen.

»Warum nicht?« ist die Meinung des stolzen Teams. »Soll er seiner Freundin die Aufnahmen vorspielen, wir haben nichts zu verbergen.«

Also wird der Bitte stattgegeben, und der Toningenieur schärft dem alten Bekannten ein, beim Bedienen des Gerätes nie und unter keinen Umständen den roten Knopf zu drücken. Er muß es dennoch getan haben, denn als er Magnetophon und Bänder zurückbringt, beklagt er sich zu Recht darüber, daß auf keinem Band etwas zu hören sei.

Der Vorfall hat bei allen Betroffenen eine bleibende Verbitterung zur Folge.

Großvater und ich

Hinter einem Kellerfenster hielten der Großvater und ich uns am frühen Samstagabend verborgen. Und immer, wenn eine Frau vorbeikam, die uns gefiel, grunzten wir verführerisch. Das brachte uns allerdings keine Damenbekanntschaften ein. Ich war damals noch jung und konnte den Mißerfolg verschmerzen. Der Großvater aber stellte sich mit weit geöffnetem Hosenschlitz in den Vorgarten. Direkt an den Zaun, wo er den vorbeieilenden jungen Frauen in die Augen sah. Die Unterarme hatte er so in die Hose gesteckt, daß die Hände aus dem offenen Schlitz herauswinkten. Obwohl er Stunden damit zubrachte, konnte er keine einschlägigen Erfolge verzeichnen. Eine Zeitlang probierte er es mit knallroten Schuhen, die Frauen standen der Idee ablehnend gegenüber. Eines Tages gab sich mein Großvater als Lehrer aus und heiratete eine Minderjährige. Wir haben nie wieder von ihm gehört.

Ich aber bin noch alt geworden und dann irgendwo gestorben.

Marktstrategie

Mit dem Hit-Titel ›Du stehst herum als Imbiß‹ war dem dahinsiechenden deutschen Schlager zu Weltgeltung verholfen worden. Der Komponist des Werkes hatte Erich Kästner noch gekannt und pflegte nachts bei Roséwein und Geschützdonner zu grübeln, wie er sich auf dem internationalen Markt nennen sollte: ›Die Putenglocke‹ oder ›Dr. Fliegengestell‹?

Ein Abendspaziergang

Nichts hielt mich im Haus. Die Frau war, meine tiefe Abneigung gegen Ortsveränderungen respektierend und mich wunschgemäß am Ort meines Lebensabends meinen Betrachtungen und Verrichtungen überlassend, nach Afrika (oder war es Indien?) gereist. Der Kater hatte es vor Langeweile nicht bei mir ausgehalten. Er ging aushäusigen Aktivitäten nach, die nie bis ins Detail geklärt werden können. So legte ich denn Ausgehgarderobe an und verließ meine Heimstatt.

Unser Viertel besitzt eine Kneipe, die seit 1967 garantiert unverändert geblieben ist: ›Susi & Bier‹ heißt sie. Mein Abendspaziergang endete dort. Zu meinem Schrecken schien man in dem Lokal das Unheil anziehen zu wollen: Dutzende von Regenschirmen waren im geschlossenen Raum über den Köpfen der erwartungsvoll wirkenden Gäste aufgespannt – am liebsten wäre ich hinausgerannt! Doch es war nichts mit Hinausrennen, denn im nächsten Augenblick fuhr der Schankraum mit allen Insassen davon. Mir schien, wir erhoben uns in die Luft. Es war eine der berühmten ›Susi & Bier‹-Reisen, von denen ich schon soviel gehört hatte. Nun nahm ich also an einer teil, ich, der ich Ortsveränderungen so verabscheute. »Wohin geht's denn?«, fragte ich meinen Nebenmann, der mir freundlich angeboten hatte, seinen Schirm mit ihm zu teilen. »In die Steiermark, zum Mammut.«

»Wann sind wir wieder zurück?«, wollte ich wissen.

Spätestens um sieben Uhr am Morgen wollte der Kater gefüttert sein. »Gegen sechs«, sagte der Nebenmann. Relativ interessiert hörte ich mir seinen Bericht an, demzufolge wir unterwegs zu einem Mammut waren, das aufgetaut werden sollte, um mal zu sehen, was passieren würde.

Mir war etwas plümerant zumute – hoffentlich stürzte der Schankraum nicht ab, und hoffentlich gab es mit dem Mammut keine Scherereien. Was, wenn etwas schiefginge, und ich gar Todes verbliche?! Der irgendwann heimkehrenden Frau und dem Kater gegenüber war ich zum Weiterleben verpflichtet. Meine Mitreisenden lachten mich aus, bis jetzt waren sie jedesmal wieder heil zurückgekommen, sogar aus Bagdad. Nach und nach wurde ich kecker, und einmal auf den Geschmack gekommen, versuchte ich, die Bande zu einem Umweg über den Gardasee zu überreden.

»Nichts da«, hieß es einstimmig, »zum Mammut wollen wir.« Schon ließ sich die Stimme des Wirtes vernehmen:

»Wir sind da!«

Welch Gackern, Kichern, Meckern beim Aussteigen! Mit geschlossenen Augen ließ sich die Landung von Noahs Arche nach der Sintflut imaginieren. Wir stolperten hinaus in den kniehohen Schnee. Ich war als einziger nicht winterfest gekleidet, wie mir schmerzlich bewußt wurde. Mußte ich jetzt im Schankraum bleiben und Gläser spülen, bis die anderen zurückkamen? Ach, woher! Zwei Kellnerinnen wickelten mich in eine wohlriechende Decke, zogen mir eine Strickmütze über die Ohren und trugen mich zum Mammut. Unterwegs wurde Beerenwein getrunken und schrill geschrien.

Einmal entfiel ich meinen Trägerinnen und rollte einen Hang hinab. Hilflos, mit dem Mund voller Schnee, blieb ich liegen.

Noch nie war ich vergleichbar bequem gereist, wenn ich von meiner frühen Kindheit einmal absehe. So hätte meine Frau mich sehen sollen! Photographieren war leider streng verboten. Das wäre eine Aufnahme geworden! Dutzende von winterlich gekleideten Leuten bei Nacht im Schnee mit aufgespannten Regenschirmen und einem länglichen Bündel, aus dem ein menschliches Gesicht schaute. »Da, das bin ich«, hätte ich später sagen können und hätte dabei mit dem Finger auf die entsprechende Stelle getippt.

Endlich hatte unsere Reisegesellschaft eine Schlucht erreicht, in der gigantische Eiswürfel übereinanderlagen. In einem dieser glasklaren Eisklötze steckte das Mammut wie ein Insekt in einem Stück Bernstein. Die ›Susi & Bier‹-Reisenden gingen staunend um den riesigen Einschluß herum. Ich wurde abgesetzt und mußte allein laufen, denn den Kellnerinnen taten die Arme weh. Rings um das Mammut war der Schnee von den vielen Leuten schon festgetrampelt. Ich schaute empor und staunte: Welch ungeheures Tier war das! Und diese unpraktischen gedrehten Stoßzähne!

»Wir wollen es jetzt auftauen«, hörte ich den Wirt rufen. Da war ich aber gespannt. Wie wollten die denn dies dicke Eis schmelzen? Und das riesige Tier, das zweifellos tot war und Tonnen wog, würde es, seiner stützenden Eishülle beraubt, nicht auf uns fallen? Mein vormaliger Nebenmann meinte schulterzuckend, das sei nur empirisch feststellbar.

Das Auftauen, oder vielmehr der Versuch des Auftauens, wurde ohne erkennbares Konzept, ja, völlig dilettantisch betrieben. Verschiedenes wurde aufs Geratewohl durchprobiert. Als erste trat eine der Kellnerinnen vor, um aus der Erinnerung mehr schlecht als recht die Merseburger Zaubersprüche herzusagen. Dadurch geriet lediglich sie selbst ins Schwitzen. »Jetzt ich!«, rief ein anderer Teilnehmer, versuchte etwas und versagte. So ging es immer weiter. »Beeilt euch«, rief ich und deutete nervös auf meine Armbanduhr.

Niemand brachte das Eis zum Schmelzen, auch der Wirt nicht, der sich das so leicht vorgestellt hatte. Da hatte man wohl etwas zu hoch gegriffen. Einige brachen vor Enttäuschung in Tränen aus. Mir war es recht, daß der Rückweg angetreten wurde.

Mit großem Hallo und noch mehr Beerenwein ging es zurück zum gutgeheizten Schankraum. Aber als ich mich darauf freute, wieder fest in meine Decke gewickelt durch die Winternacht getragen zu werden, wurde ich schwer enttäuscht: Es fand sich kein Träger. Von Fußspur zu Fußspur hüpfend, folgte ich den anderen und erreichte durchnäßt und halberfroren den Schankraum, der unverzüglich abfuhr. Während der Rückreise sprach ich mit niemandem. Sie hatten mich nicht tragen wollen, am Ende wären sie gar ohne mich aufgebrochen. Was wäre dann aus mir geworden? Dieses Etablissement war in Zukunft zu boykottieren, trinken konnte ich auch zu Hause. Oh, ich lag voller Ingrimm auf den harten Rippen des altertümlichen Heizkörpers. Bis um sechs hatte ich mich wieder erholt, da klappten alle ihre Regenschirme zu, und wir traten hinaus in unser schönes Stadtviertel.

Die neuen Bücher

Welch erregender Moment: Meine neuen Bücher waren da. Der selbstbewußt brötchenessende Paketbote hielt mir einen mittelschweren Karton hin und zeigte mir unter stolzem Kauen seinen Ehering. Er war noch ein Kind, beteuerte aber, seine Frau sei völlig ausgewachsen und habe einen sehr fraulichen Hintern. Ich atmete befreit auf, als er sich entschloß, seine Erzählung zu beenden und mir gegen Geld das Paket auszuhändigen. Ich schlug die Tür zu. Hastig, doch ohne vor Aufregung zu schreien oder zu sabbern, lief ich die Treppen zu meiner Wohnung hinauf, wo ich mit zitternden Händen die Bücher auspackte. Als erstes fiel mir auf, wie schön sie gebunden waren. Bei näherem, nüchternem Hinsehen aber war es doch nur ein grelles, gummiartiges Lederimitat mit ordinär verquollenem Goldprägedruck. Es waren genau zwanzig; auf allen Einbänden war mein Name richtig wiedergegeben! Sehr neugierig war ich auf die Buchtitel. Da gab es allerdings eine Enttäuschung: Es handelte sich bei den Büchern nicht um zwanzig verschiedene Titel, sondern um ein zwanzigbändiges Epos, das Hohelied auf den Hintern der Paketboten-Gattin. Wie schämte ich mich, ich altes Schwein! Weshalb hatte ich so etwas geschrieben? Von meinem Verleger erfuhr ich nur, ich befände mich augenblicklich in einer Krise, mein Lebenswille sei erloschen und ich heule allnächtlich voller Todessehnsucht den Mond an. Zum Erschrecken war das.

Abendgesellschaft bei Pater Hunnickel

Etwas ganz Besonderes waren die Abendgesellschaften bei Pater Hunnickel (links sitzend).

Hier wurde man nicht herumkommandiert, sondern ganz beiläufig gebeten, nicht die Kontrolle zu verlieren.

136

Den Höhepunkt bildete stets eine künstlerische Darbietung exklusiver Art. An jenem Abend las eine junge Dichterin ihren gerade vollendeten Roman vor.

Nie ward so Unerhörtes je ersonnen: Eine ebenfalls
junge Frau fährt auf ihrem Dreirad...

... an den Königshof eines Stoffbären, welcher sie zur Frau begehrt.

Heimlich gibt er seinen Schergen Anweisung, die Frau
gleich ihm mit Holzwolle auszustopfen.

140

»So eine Sauerei«, brüllten da die Literaturfreunde in Pater Hunnickels Salon.

Aber keine Angst: Die junge Frau flieht auf ihrem Dreirad über die Dächer.

142

Der Stoffbär stellt ihre Flucht fest und verübt mit einem Gemüsemesser Selbstmord, Holzwolle tritt aus.

Am Schluß des Romans legt sich die Geflohene gemeinsam mit einem Rundfunkansager leichtgeschürzt in eine
geräumige Gletscherspalte, um zu erfrieren.

Zur Anerkennung ihrer literarischen Leistung wurde die Dichterin ein paarmal hochgehoben und photographiert.

Ja, und dann wurde die Götterspeise serviert, welche sowohl den Abendgesellschaften bei Pater Hunnickel als auch der Karriere der jungen Dichterin ein jähes Ende bereitete.

Aus der Welt der Menschen

Wieder hatten wir einen Tag lebend überstanden und den Abend erreicht. Doch leider wollte sich keine gelöste Atmosphäre einstellen. Wir saßen im Dunkeln am Boden, unwillig unseren Nachbarn lauschend, wie sie lärmten und in den Garten spien. Es war schon lange nach Mitternacht, da traten die Nachbarn vors Haus und schrien aus Leibeskräften um ihrer Selbstverwirklichung willen. Sie schrien noch, als wir bereits fröstelnd und hustend zur Arbeit eilten.

Erinnerungen eines Elektrogitarristen

Beim ersten Hören einer elektrischen Gitarre im Radio meiner Eltern habe ich als Kind vor Begeisterung die Stromleitungen aus den Wänden gerissen. Ein derartiges emotionales Engagement vermochte ich später nur noch für die Sexualität aufzubringen. Um mich von meiner bedingungslosen Aufopferung für das andere Geschlecht abzulenken, schenkten mir meine Eltern zu Weihnachten eine elektrische Gitarre und ein Tonbandgerät. Mit dem konnte ich dank einer zufällig entdeckten Schaltung die Stimmen verstorbener Russen empfangen. Die brachten mir das Gitarrespielen bei.

Mein angeborenes überdurchschnittliches Mitteilungsbedürfnis drängte mich früh, mit meiner Kunst die Öffentlichkeit zu suchen. Es mangelte mir nie an Mitspielern (ich brauchte sie mir nicht aus Knetgummi anzufertigen oder aus Sperrholz auszusägen). Nicht wissend, was wir taten, spielten wir in Jugendbegegnungsstätten oder Vergnügungslokalen zum Tanz auf.

Aus der Fachpresse wußte ich, daß im Konzert beim letzten Musiktitel die Gitarre zertrümmert werden mußte. Das konnte ich mir leider nicht leisten, also schubste ich das Schlagzeug von der Bühne.

Als die Ansprüche stiegen, zeigte sich schnell, daß ich für Live-Auftritte untauglich war. Ständig rissen die Saiten meiner Gitarre, die ich übrigens auch nicht zu stimmen vermochte. Als überregional gefürchteter

Instrumentalist floh ich mehr und mehr in exzessives Home recording.

Für das Reißen der Saiten machte ich die toten Russen verantwortlich. Sie wiederum warfen mir mangelnde Übungsdisziplin und fehlende Selbstkritik vor, also brach ich den Fernkurs ab. Darauf folgte der Zusammenbruch des Tonbandgerätes (die Rache der Russen).

Mein zweites Gerät, mit dem ich Trickaufnahmen von meinem Gitarrenspiel machen konnte, bis vor lauter Rauschen nichts mehr zu hören war, ging zu Bruch, als ich anläßlich eines beinahe tödlichen Unfalles hineinstürzte. Ich hatte eine neu gekaufte Gitarre aus Nostalgiegründen an das ungeerdete Radio angeschlossen, das meine Eltern 1948 zur Verlobung bekommen hatten. Davon hatte ich mir einen historisch authentischen Klang versprochen, statt dessen ertönte mein schrilles Geschrei. Ich überlebte mit knapper Not, heiratete und überlebte wiederum mit knapper Not. Nach der Scheidung erwarb ich auf Anraten meiner Mutter das dritte Tonbandgerät, eine riesige Prachtmaschine mit unzähligen Knöpfen und Schiebereglern. Was habe ich damit für Aufnahmen gemacht! Legendäre, sämtlich verschollene LPs spielte ich damals ein. Gleich nach dem Frühstück geriet ich in einen schlafwandlerischen Taumel, näherte mich tändelnd dem großen Spielzeug und saß, ehe ich mich's versah, für den Rest des Tages fiedelnd und jaulend am Band. Meine Eltern hielten mich mit regelmäßigen Mahlzeiten, die ich geistesabwesend einnahm, am Leben.

Waren es die aufreibenden Aufnahmesitzungen? Waren es Folgen des Unfalls mit dem ungeerdeten Radio?

Kam es von der wochenlangen Ehe oder dem ewigen Saitenreißen, daß ich mir selbstbespielte Tonbänder mit der Post zuschickte und sie mir nachts unter heftigen Oberkörperzuckungen anhörte?

Aus den beiliegenden Geräuscherklärungen erfuhr ich die Titel der Aufnahmen sowie die Namen der Interpreten. Unter vielen anderen war da Lumi Knetbal, der Sitar spielte, Erroll Brisk ließ sich auf der Hawaiigitarre hören, doch ganz besonders beeindruckte mich die Stimme der Sängerin Nadja Goldfut. Ihr dunkles, sündhaftes Timbre wirkte auf mich wie Baldrian auf einen Kater. Ich mußte sehr an mich halten, um mich nicht vor Lust auf den Bändern zu wälzen. Immer und immer wieder lauschte ich den Passagen, die von ihren manchmal mehrstimmigen Gesängen dominiert waren und wie übernatürliche Lockrufe aus einer sagenhaften, jenseits meines Tonbandgerätes liegenden Welt klangen (und die doch nur aus Bandschleifen von rückwärts und verlangsamt laufenden Aufnahmebruchstücken einiger anonymer orientalischer Sängerinnen bestanden).

Wer war wohl diese Nadja Goldfut? Wie sah sie aus? Ich malte mir allerlei aus. Bald hatte ich Gewißheit, nachdem ich per Post ihr Konterfei (von mir selbst angefertigt und abgeschickt) erhalten hatte. Eine etwas unscharfe Schwarzweiß-Collage zeigte ein Wesen mit brustlangen, schleifengeschmückten blonden Locken, irgendwie schmerzlich verhuschtem Gesicht und knabenhaftem, bloßem Oberkörper. Um den Hals trug sie einen hohen weißen Spitzenkragen wie aus Blättern. Ihre restliche Kleidung bestand aus einer schwarzen, knielangen Turnhose und schwarzen, altmodischen

Schnürstiefeln. Das also war die leibliche Nadja Goldfut, die ich mir eher wie eine obskure Peruanerin oder
Perserin vorgestellt hatte. Sie wirkte nicht anziehend
auf mich, aber kraft ihrer Stimme ließ sie mich dies vergessen.

Sie rief mich: Ausgerechnet ich, dem die Saiten rissen, sollte in ihrer Begleitband, den ›Drangsal Drippers‹, neben Erroll Brisk als Gitarrist mitwirken. Das
erfuhr ich aus einer Radiosendung, die ich sehr früh
morgens in heillosem Zustand hörte. Ich hatte während
der Nacht wieder die Möbel der gesamten Wohnung
umgestellt und teilweise sogar die Wände mit Samt aus-
geschlagen. Jedenfalls erkannte ich nichts wieder. Vor
dem Fenster war noch Platz für einen Schreibtisch, und
an diesem saß ich mit rotierenden Sinnen. Das alte Ver-
lobungs-Radio meiner Eltern war eingeschaltet, es lief
eine interessante Sendung über Nadja Goldfut. Neben
Musikbeispielen, die mir zum Teil völlig neu waren, gab
es Informationen und ein Interview. An dessen Ende tat
die Sängerin dann kund, daß ich in ihre Band eintreten
solle. Beide, Nadja Goldfut und der Moderator der
Sendung, riefen mich.

Ich sprang auf und lief zum Radio, vor dem ich immer noch Angst empfand. Sie riefen mich weiterhin.
Wie sollte ich ihrem Ruf folgen, so gern ich dies auch
getan hätte? Ungeachtet der Uhrzeit telephonierte ich
alle meine Bekannten an und forderte sie auf, mich zu
Nadja zu bringen. Keiner war fähig oder auch nur wil-
lens, es fiel manch grobes Wort.

Fürchterliche Tage und Nächte folgten. Haltlos
durchstreifte ich mit Seefrüchten im Haar die Stadt. Ich
litt unter Schlaflosigkeit und Verdauungsschwierigkei-

ten. Endlich fand ich in einem Second-hand-Schallplattenladen Hilfe. Auf einer jener Langspielplatten, die verschlüsselte Botschaften enthalten, entdeckte ich das verzweifelt Gesuchte: den Weg zu Nadja Goldfut! Indem ich die Schallplatte rückwärts abspielte und komplizierten studiotechnischen Prozeduren unterzog, wurde eine seltsame Stimme hörbar. Sie sprach in verschiedenartigen Tonhöhen und -farben sowie einem sonderbaren Stil. Mitten im Satz nahm die Lautstärke plötzlich immens zu, die Betonung war unsinnig, viele Ausdrücke schienen in Aussprache und Anwendung falsch zu sein. Mehrmaliges Anhören war nötig, um den Sinn des Gesprochenen zu verstehen. Es waren genaue Anweisungen für den Übertritt in Nadja Goldfuts Welt. Ich wurde davor gewarnt, irgend etwas falsch zu machen, da ich sonst Gefahr liefe, wochenlang zu brennen oder auf Nimmerwiedersehen zu verschwinden. So schnell ich konnte, traf ich alle empfohlenen Vorkehrungen. Die bestanden zunächst im Errichten eines starken elektromagnetischen Feldes mit der Form eines Rotationsellipsoids. Unmengen von Magneten umwikkelte ich mit Draht, setzte alles wahllos unter Strom und versetzte das Zeug in Schwingungen, daß die Wände wackelten. Ein weiterer wichtiger Bestandteil des Vorgangs war das pausenlose Spielen bestimmter magischer Tonfolgen auf der Gitarre. Ich ließ außerdem Aufnahmen von Nadjas Gesang laufen und roch an ihrem Bild. Grüner Nebel umhüllte mich alsbald, und eine akustische Rückkopplung nie gehörter Qualität schwoll beängstigend an. Im nächsten Augenblick war ich mit einem Gefühl, das an plötzliches Gewecktwerden erinnerte, in Nadja Goldfuts Welt. Der Nebel und die Rückkopplung waren in meiner Wohnung zurückgeblieben. Ich befand mich mit meiner Gitarre in der Vorstadt, die Nadja allnächtlich zu durchstreifen pflegte. Schwarzweiß wie auf ihrem Bildnis trat sie aus einem Spalt zwischen zwei Ziegelmauern heraus. Sie wußte, wer ich war, denn sie hatte mir die LP mit der verschlüsselten Wegbeschreibung zugespielt (eine energie-intensive interdimensionale Transaktion, die den baldigen Konkurs des Schallplattenladens zur Folge haben sollte).

Nun durchstreiften wir gemeinsam die Vorstadtgassen, viel gab es zu erzählen. Ihren vertraulichen Ausführungen entnahm ich, daß ihr ihre geringe Oberweite ebensoviel Verdruß zu machen schien wie mir meine reißenden Saiten. Allerdings schwieg ich von meinem Makel. Ganz beiläufig und unaufgefordert begann ich unter dem Nachthimmel auf meiner E-Gitarre zu rhapsodieren. Ohne Verstärker, aber trotzdem laut und plärrend, denn ich wandte einen Trick an. Eingedenk der physikalischen Grundtatsache, daß keine Energie verlorengeht, preßte ich sämtliche Elektrizität, die seinerzeit bei dem beinahe tödlich verlaufenen Unfall in mich gepumpt worden war, durch die Gitarre wieder hinaus. Niemand traute sich auf die Straße, bis ich fertig war. Und als ich mein Spiel beendete, war nicht eine Saite gerissen. Sie waren alle verglüht. Nadja Goldfut bekräftigte ihre Aufforderung an mich, in ihrer Band mitzuspielen. Ohne Zweifel war dies einer der größten Augenblicke meines Lebens. Ich erklärte mich natürlich bereit, verschob meinen Beitritt aber vorerst, indem ich Terminschwierigkeiten vorschützte. Insgeheim überkam mich aber Panik wegen meines Saitenproblems. Als die Vorstadt in die ›Hymne der brünftigen Friseusen‹ getaucht war und widerhallte von schmetternden Trommeln, schieden Nadja Goldfut und ich unter Küssen und solchem Zeug voneinander bis zu dem Tag, an dem ich in ihre Band eintreten würde.

Ich kehrte in meine Wohnung zurück und schaltete das elektromagnetische Feld ab. Weder hatte ich Feuer gefangen, noch war ich verschwunden. Aber jetzt mußte ich reißfeste Saiten haben – um jeden Preis. Wie sich zeigte, brauchte ich auch eine neue Gitarre. Bei der alten waren durch meinen Elektrotrick alle Drähte und Wicklungen der Tonabnehmer verschmort. In den mir zugänglichen Musikerkreisen hörte ich mich sodann um, ob niemand eine Gitarre mit Saiten wüßte, die meinem Zugriff standhielten. Manches wurde mir, meist aus Profitgründen, angeboten, versagte aber befürchtungsgemäß.

Von einem gewissen Swami Gülch, welcher auf einigen der Tonbandaufnahmen, laut Beiblatt, diverse Aerophone gespielt hatte, bekam ich den Wink, unser lokaler Musikalienhändler sei in Wahrheit der diabolische Baron Siebenender, der Frauen in Gitarren verwandelte und umgekehrt, ganz wie es ihm beliebte. Der könne mir sicher mit Schwarzer Magie helfen.

Im Besitz dieses Wissens erschien mir der Instrumentenladen bei meinem nächsten Besuch tatsächlich verändert. An den Wänden hingen nicht wie sonst Dutzende von Elektrogitarren, sondern Frauen. Wundersame Klänge erfüllten den schwer parfümierten Raum. Wo der Geschäftsinhaber sei, wollte ich wissen, und wurde vom Elektriker ins Hinterzimmer geführt. Da saß Baron Siebenender am Schreibtisch, eine schwere Jazzgitarre auf dem Schoß, und schrieb Blätter voll.

Er drehte sich zu mir um, und ich sah, daß Swami Gülch die Wahrheit gesprochen hatte. Des Händlers Physiognomie wies deutlich mephistophelische Züge auf. Jedoch gab er sich nicht bedrohlich, sondern durchaus leutselig, ohne mich nach dem Grund meines Besuchs zu fragen.

Dem seit zwanzig Jahren darniederliegenden Genre der Rockoper wolle er aufhelfen, erklärte er mir. Unter Verwendung einiger Motive von Groucho Marx und Richard Wagner erarbeite er ein Opus namens ›Miranda auf der fliegenden Veranda‹. Raffiniert! Der Wagnersche Erlösungsmythos des ›Fliegenden Holländers‹, verbunden mit Gedanken aus der launigen Groucho-Marx-Erzählung ›The Flying Hamsters‹! Genial zudem der literarische Kunstgriff, die Handlung auf Nagetier-Ebene anzusiedeln:

Miranda ist ein weibliches Meerschweinchen, das tragische Sex-Idol aller männlichen Hamster. Letztere, inklusive des Helden namens Waldo, leben von der Herstellung und dem Export elektrischer Gitarren. Auf Miranda liegt ein Fluch: Sie muß solange auf ihrer Veranda herumfliegen, bis ein männliches Wesen sie liebt und ihr folgt. Alle sieben Jahre darf sie landen und ihr Glück versuchen. Zweiter Akt: In der Gitarrenfabrik singen die Hamster unter Mirandas Bild. Ergriffen verkündet Waldo, er wolle Miranda durch seine Treue erlösen, erntet aber nur den Spott der Kollegen. Waldo sagt sich los, will unter die Lemminge.

Weiter war Baron Siebenender noch nicht. Lediglich vage Notizen existierten vom Rest der Oper, etwa eine

Szene, in der jemand den Lemmingen Rolltreppen verkaufen will.

Ich brachte, nachdem ich sein Schaffen gewürdigt hatte, mein Anliegen vor.

Unreißbare Saiten könne er mir verschaffen, sagte der Baron, dafür verlangte er allerdings meine Seele. Die alte Geschichte. Sogleich legte er mir einen schriftlichen Vertrag vor, doch ich erbat vorsichtshalber drei Tage Bedenkzeit.

In denkbar exaltierter Stimmung verbrachte ich die drei Tage bis zur Entscheidung. Die psychische Belastung war ungeheuerlich, so daß ich an mehreren Orten gleichzeitig auftauchte. Sogar mit verschiedenen Haarschnitten! Ein eilig konsultierter Neurologe attestierte mir eine poröse Persönlichkeit. Ich wurde in einschlägigen Lokalen gesichtet. In einem verlor ich meinen Schirm, den mir meine ratlosen Eltern gerade erst zum Geburtstag geschenkt hatten. In einem anderen versprach ich G. F. Händels Urenkelin gegen meinen Willen die Ehe, tanzte wohl auch auf dem Tresen. Zur selben Zeit saß ich adrett gekleidet mit einer Halbwüchsigen in einem Chinarestaurant und blamierte mich nach Kräften. Als ich beim Bericht über meine gescheiterte Ehe schweißüberströmt auf die Straße starrte, gewahrte ich mich, wie ich mit hüftlangem Fetthaar und in einen schwarzen Pelzmantel gehüllt dicht an den Hauswänden auf der anderen Seite entlanghastete. Wenig später randalierte ich mit ein paar Übelmännern vor einem Mädchenwohnheim, saß aber gleichwohl unter Zeugen an einem Spelunkentisch in der Prager Altstadt. Der erste Tag, beziehungsweise die erste Nacht, endete einheitlich in der muffigen Wohnung eines Science-fiction-Autors, den ich zufällig auf dem Rücken einer Kuh getroffen hatte.

Der zweite Tag der Bedenkzeit begann. Ich erwachte, als mir jemand eine angezündete Opiumpfeife in den Mund steckte. Sogleich zerfiel meine Persönlichkeit in zahllose Ableger, die es noch toller trieben als am Vortag.

Vom dritten Tag weiß ich nur noch dies: Eines meiner Ego-Bruchstücke, ich will es der Einfachheit halber im folgenden »ich« nennen, war an der suburbanen Endstation unweit meiner Wohnung aus der Straßenbahn gestiegen. Danach legte »ich« einen schier endlosen Weg durch die mir ach so vertraute, aber traumähnlich veränderte Gegend zurück. Es dunkelte. Gegen den rötlichen Abendhimmel hoben sich deutlich Mammut-Silhouetten ab. Von der Straße, in der ich wohnte, war noch nichts zu sehen. Bisher war mir auf dem Weg niemand begegnet, und abgesehen von den Rüsseltieren am Horizont war weit und breit kein Lebewesen zu sehen gewesen. Jetzt aber nahm ich, noch weit voraus, dunkle Gestalten auf dem Pfad wahr. Meine erste Reaktion war Angst, und ich hielt Ausschau nach einem Fluchtweg. Es gab aber keinen, und ich wollte nicht durch Weglaufen ihren Jagdinstinkt ansprechen. Also ging ich tapfer weiter. Mit jedem Schritt konnte ich die Gestalten deutlicher erkennen. Sie waren humanoid, aufrecht stehend, etwa sechs oder sieben Personen. Als ich noch näher herangekommen war, hörte ich etwas, das teils wie rohes Lachen klang, teils wie eine unverständliche Sprache, bestehend aus tierähnlichen Lauten. Mit irgendeinem länglichen Gegenstand schienen sie beschäftigt. Daraus schöpfte ich Mut. Ich hoffte, wenn schon etwas ihre Aufmerksamkeit beanspruchte, würden sie meiner vielleicht nicht bedürfen. Dies hoffte ich um so mehr, als ich, nun schon nahe genug, um Einzelheiten zu erkennen, sah, daß es sich um eine ausgesprochen wild und atavistisch anmutende Versammlung handelte. Jäger oder Krieger schienen sie zu sein, und alle starrten mich an. Ihre Figuren und Gesichter entsprachen großenteils den Rekonstruktionen von Frühmenschen, wie ich sie aus Anthropologiebüchern und unseriösen Filmen kannte.

Gleich, so nahm ich an, würden sie mich zerreißen oder mit dem Gegenstand, den sie da bei sich hatten, erschlagen. Da sah ich erst, was für ein Gegenstand das war: Ohne jeden Zweifel handelte es sich um eine elektrische Gitarre mit solidem Vollholzkörper. Die grunzenden, schreienden Wesen ergriffen das Instrument instinktiv am Hals, wie eine Keule. Durch den Anblick des vertrauten Gerätes gewann ich meine Fassung soweit zurück, daß ich die Flucht nach vorn wagte. Mit möglichst selbstsicheren, aber höflichen Gesten bat ich um die Gitarre. Ein eckiger, schrill bemalter Bursche mit langem Filzhaar, das mit hellem Lehm vollgeschmiert war, händigte sie mir tatsächlich aus. Die anderen stießen Rufe aus, von denen ich nicht wußte, ob sie drohend oder aufmunternd gemeint waren.

Es handelte sich um kein Markeninstrument, sondern um ein billiges Kaufhausmodell, wie man es mitunter auf Wegen findet. Noch waren die Saiten vollzählig, und ich wünschte mir, sie würden es während meiner Demonstration bleiben. Ein Tragegurt war nicht dabei. Ich mußte den Vollholzkörper mit dem rechten Oberschenkel stützen, daher stand ich leicht schwankend auf einem Bein. Es beeindruckte meine neuen Bekannten, wie ich den Gegenstand handhabte. Was waren das für Burschen! Wie mochten wohl erst ihre Frauen aussehen!

Ich begann mit dem Stimmen. Die dabei entstehenden Glissandi regten meine Zuhörer zur phonetischen Nachahmung an. So schnell ich konnte, verpaßte ich den Saiten eine den Umständen entsprechende Stimmung. Wie gern hätte ich in diesem Augenblick einen Verstärker zur Verfügung gehabt! So aber würde mein Spiel leider ziemlich dünn und zirpend klingen. Also forderte ich die acht haarigen Männer auf, die Ohren zu spitzen. So laut und doch gleichzeitig so saitenschonend wie möglich intonierte ich die primitivsten und effektvollsten Rock'n'-Roll-Klischees, die ich beherrschte. Damit gelang mir der Brückenschlag: Die Burschen waren total begeistert, sie konnten nicht genug kriegen. Mitten in einem außergewöhnlich inspirierten Solo geschah endlich das Unvermeidliche: Eine Saite riß mit lapidarem Knacken. Dies erregte zu meinem Glück jedoch nicht den Unmut der acht Frühmenschen, sondern wurde als körperliche Stärke interpretiert. Soviel entnahm ich wenigstens ihrer Reaktion. Sie ergriffen mich mit wohlwollenden Mienen und setzten mich dem Stärksten unter ihnen auf die Schultern. Dann machte sich die Gruppe auf den Weg. Querfeldein, Rot zeigende Ampeln mißachtend. Einer lief mit der Gitarre voraus. Wie es schien, trugen sie mich heim, um mich dem ganzen Stamm zu zeigen. Diesem mochte ich ohne Verstärker und mit nur fünf Saiten aber nicht gegenüberzutreten. Deshalb sah ich dem Kommenden nur unfroh entgegen. Wahrscheinlich würde ich lange bei diesen Menschen leben, ihre Sprache lernen und die Tochter des Häuptlings ehelichen. Gemeinsam mit dem Schamanen würde ich Saiten, Verstärker und weitere Instrumente bauen, nach und nach eine Band aufbauen, eigenes, ethnisch geprägtes Material schreiben usw. Vielleicht gelänge es uns später sogar, Platten aufzunehmen und zu pressen. Einfacher erschien es mir allerdings, zwischendurch schnell nach Hause zu gehen und meinen Batterie-Übungsverstärker sowie Ersatzsaiten zu holen. Ich brachte die Männer dazu, auf mich zu warten. Als Pfand ließ ich ihnen meinen Personalausweis zurück.

Mit sechs Saiten plus Verstärker machte ich dann natürlich immensen Eindruck auf die Frühmenschen. Obwohl mir weiterhin die Saiten rissen, adoptierte mich der Häuptling, und ich heiratete seine Tochter. Die sah übrigens genau so aus, wie ich mir Nadja Goldfut *vorgestellt* hatte (dunkel, haarig, exotisch), konnte aber nicht singen. Unglücklicherweise waren meine Eltern strikt gegen diese Verbindung. Sie verboten mir jeden weiteren Umgang mit der Häuptlingstochter und ihrem Stamm. Die Gitarre ließ ich dort zurück.

Irgendwann war der dritte Tag meiner Bedenkzeit um. Ich hatte keine andere Wahl, als auf Baron Siebenenders Vertragsbedingungen einzugehen. Damit ich meine Seele in ordnungsgemäßem Zustand übergeben konnte, brachte ich meine Persönlichkeitsbruchstücke durch Anwendung von ›Dr. Drahtvaters Universalkleber für zerkrümelte Persönlichkeiten‹ zur Reunion. Wenn ich erst bei Nadja Goldfut wäre, dachte ich, dann konnte mir meine Seele gestohlen bleiben. Ich machte mich auf den Weg zum Musikaliengeschäft.

Ein gutes Stück war ich noch von Baron Siebenenders Laden entfernt, da sah ich den Geschäftsinhaber
heraustreten. Er trug eine offensichtlich billige Gitarre.
Sogar von weitem erkannte ich sie: Es war die, die ich
bei den Frühmenschen zurückgelassen hatte. Ich ver-
steckte mich in einer Einfahrt und beobachtete das
folgende.

Nach Baron Siebenender kamen ein paar Hamster
aus dem Laden. Es sah mir ganz danach aus, als beginge
der Baron seinen Geburtstag auf traditionelle Weise.
Dazu gehörte das Ritual der Gitarrenzertrümmerung,
alle Angehörigen der örtlichen Musikszene wußten
das. Der Baron ergriff die Gitarre beim Hals, erhob sie
über seinen Kopf und schlug sie mit großer Kraft aufs
Pflaster. Dies wiederholte er so lange, bis sie sich weit-
gehend aufgelöst hatte. Nun tranken alle schnell aus
und warfen ihre Gläser auf die Straße zu den Gitarren-
trümmern. Zur Fortsetzung der Feier sollte das Stamm-
lokal aufgesucht werden. Ich wartete, bis die Festgesell-
schaft fort war. Dann ging ich zu Siebenenders
Geschäft. Da lagen auf Gehweg und Straße die Überreste der Gitarre. Es war wirklich die gewesen, als welche ich sie von weitem erkannt hatte. Eingedenk unserer gemeinsamen Erlebnisse mit den Frühmenschen,
sammelte ich gewissenhaft die Einzelteile auf. Ich nahm
sie mit nach Hause und wollte die Gitarre gesundpflegen. Meine abgelaufene Bedenkzeit und Baron
Siebenender traten in den Hintergrund, die Wiederher-
stellung der Gitarre hatte nun Vorrang.

Dank ›Dr. Drahtvaters Spezialkleber für zertepperte
E-Gitarren‹ ging es ihr bald besser. Als ich sie das erste
Mal an mein Tonbandgerät anschloß, um ihren Klang

aufzunehmen, sprach sie zu mir. Sie beteuerte, tief in meiner Schuld zu stehen. Zum Dank dafür, daß ich sie gerettet und gepflegt hatte, stünde mir ein Wunsch frei, den sie mir erfüllen wolle. Da brauchte ich nicht zu überlegen, denn ich hatte ja nur einen Wunsch. Den äußerte ich, und die Gitarre versicherte mir, er sei schon so gut wie erfüllt. Mit ihrer Hilfe könne ich bei Nadja Goldfut mitspielen und sei nicht auf den diabolischen Baron Siebenender angewiesen. Überschwenglich dankte ich der Retterin meiner Seele. Einen schönen, teuren Koffer sollte sie bekommen.

Eine von vornherein minderwertige Gitarre nach einem Totalschaden so wiederherzustellen, daß sie sich bundrein stimmen läßt und wenigstens brauchbar klingt, ist selbst bei Anwendung des genannten Spezialklebers kein Kinderspiel. Fachleute hätten garantiert nur auf den Mülleimer gezeigt, aber ich war kein Fachmann. Technisch-Handwerkliches und erst recht Elektrisches lagen mir überhaupt nicht. In dieser Hinsicht war ich ahnungslos; aber stur und verbissen. Ich mußte lange herumwerkeln, bis das Ergebnis befriedigend genannt werden konnte. Das heißt, ich verbrachte viel Zeit mit der Gitarre, und sie erzählte manches.

Über Baron Siebenender wußte sie gut Bescheid. Vor etwa 300 000 Jahren habe er die elektrische Gitarre erfunden, als er allen Erkenntnissen heutiger Anthropologie zum Trotz in einer Hochkultur lebte, die sich viel mit Magnetfeldern zu schaffen machte. Nach dem Untergang jener Hochkultur (an dem Baron Siebenender übrigens nicht teilnahm) hatte es eine weltweite kulturelle Rückentwicklung gegeben. Davon hatte ich mich selbst überzeugt: Die Frühmenschen waren nicht in der

Lage gewesen, mit der elektrischen Gitarre etwas anzufangen. Erst im 20. Jahrhundert unserer borniertern Zeitrechnung war die E-Gitarre wiederentdeckt worden.

Wie immer, wenn ich etwas zusammensetzte, mußte ich aufpassen, daß ich nicht zu viele Teile übrigbehielt, die nirgends hinpaßten. Ich schraubte vorsichtshalber die Tube mit dem Spezialkleber zu, denn gleichzeitig kleben und mich unterhalten kann ich nicht. Dann erwähnte ich, was mir Swami Gülch mitgeteilt hatte, nämlich daß der Baron Frauen in Gitarren verwandle und umgekehrt. Die Gitarre bestätigte dies; es handle sich dabei um eine Marotte von ihm. Niemand wisse, warum und wie er das anstelle. Sie selbst sei eine dergestalt verwandelte Frau, sonst würde sie wohl kaum mit mir sprechen können.

Ich interessierte mich für das Schicksal der Ärmsten. Welcher Art waren die Umstände ihrer Verwandlung gewesen? Wie war sie auf den Weg geraten, wo die Frühmenschen sie gefunden hatten? Weshalb hackte Baron Siebenender so auf ihr herum? Offenbar sprach sie nicht allzugern darüber und antwortete entsprechend vage. Nur soviel wurde mir klar: Es war ein Stoff, wie ihn schreckliche Autor(inn)en haufenweise in dicken Bestsellern abhandeln, worin die Akteure abgeschmacktes Zeug faseln, sich prügeln und beim gewaltsamen Begatten affektiert brüllen.

Und so ein blödes Biest pflegte ich gesund!

Die Geschichte ihrer Jugend war schon fast abstoßend: Als Halbwüchsige war sie den ganzen Tag Kletterstangen empor- und heruntergerutscht, bis sie ein uneheliches Kind bekam. Danach war sie dazu übergegangen, abwechselnd Laternenmasten zu erklimmen und ihren Eltern vor die Haustür zu urinieren. Weil dies auf lange Sicht keine Zukunft haben konnte, schickte man sie zur Schichtarbeit in eine berühmte Gitarrenfabrik, die ihre Erzeugnisse in Tankwagen transportierte. Auf einem Betriebsfest dieser Firma hatte sie Baron Siebenender kennengelernt. Siebenender verwandelte zunächst ihr uneheliches Kind in eine Ukulele und dann sie selbst in die E-Gitarre. Was der Verwandlung an leidenschaftlichen Verstrickungen vorausgegangen war, erfuhr ich nicht im Detail. Vielleicht war sie ihm auf die Nerven gegangen, hatte ihn mit selbstverfaßten Liedtexten oder ordinären Hosen geelendet. Wer weiß. Vielleicht verwandelte er ganz einfach jede Frau, mit der er intim gewesen war, in eine Gitarre. Eine Abart des Vampirismus möglicherweise oder nur eine gewisse Unsicherheit im Umgang mit Frauen – es muß ungeklärt bleiben.

Jedenfalls hatte er sie damals auf jenen Weg geworfen.

Nachdem ich sie wegen meiner Eltern im Frühmenschen-Lager zurückgelassen hatte, war Baron Siebenender dort aufgetaucht, hatte an meiner Stelle die Häuptlingstochter geheiratet und die Gitarre als Mitgift erhalten. Aus Höflichkeit mußte er sie annehmen, aber an seinem Geburtstag wollte er sich ihrer dann endgültig entledigen, warum auch immer. Was mochte wohl aus der Häuptlingstochter geworden sein?

Wie gesagt verbrachte ich viel Zeit mit der Gitarre, und ihr Verhältnis zu mir wandelte sich allmählich. Es blieb nicht bei ihrer großen Dankbarkeit. Sie wurde zänkisch, nannte mich einen »Kleinchaoten« (später sogar »ein altes Schwein«!) und behauptete, sie könne jeden Mann haben, den sie wolle. Wie gesagt: ein blödes Biest. Je stabiler ihr Zustand wurde, desto ärger setzte sie mir zu. Ihretwegen mußte ich gar das Bad neu tapezieren. Sie ließ mich kaum noch auf ihr spielen, bald war ganz Schluß damit. Bockig erklärte sie mir, jetzt sei sie es leid. Sie wolle endlich wieder eine Frau und Mutter sein. (Wo mochte wohl ihr Kind, die Ukulele, geblieben sein?) Von der Erfüllung meines Wunsches wollte sie nichts mehr wissen. Zu meinem Entsetzen bestand sie darauf, ich solle mit ihr zu Baron Siebenender gehen und ihn zu ihrer und ihres Kindes Rückverwandlung auffordern. Notfalls müsse ich mich mit ihm schlagen. Welch ein Irrsinn! Dann hätte ich keine Gitarre mit reißfesten Saiten gehabt und wäre wieder zu dem Pakt mit dem Baron gezwungen gewesen, von dessen Seite ich mir aber wenig Entgegenkommen versprach, wenn ich ihm vorher so forsch gekommen wäre. Angesichts einer solchen Zumutung drohte meine Persönlichkeit erneut porös zu werden. Um dies zu verhindern, mußte ich mich unverzüglich mit der Gitarre auf den Weg zu Nadja Goldfut machen.

Ich schaltete das Tonbandgerät ab, damit Ruhe war. So ging das nicht. Sie hatte mir bereits eine Zusage gemacht, die in jedem Märchen als bindend anzusehen gewesen wäre. Da konnte sie nicht plötzlich alles wieder umkrempeln, das hätte sie sich vorher überlegen müssen. Ich errichtete wieder das starke elektromagnetische Feld und begann, die magischen Tonfolgen auf der renitenten Gitarre zu spielen. Grüner Nebel, Rückkopplung, und wir waren hinübergewechselt.

In der Vorstadt stand eine große Open-air-Bühne, darauf produzierten sich Nadja Goldfut und ihre Band, die ›Drangsal Drippers‹, im Scheinwerferlicht. Die Stelle des Gitarristen war frei. Durch jahrzehntelange sportliche Enthaltsamkeit hatte ich enorm viel Kraft und Schwung gespeichert, so daß ich mit einem Sprung auf der hohen Bühne war. Nadja Goldfut bekam vor Freude eine größere Oberweite, Friseusen und Heidenmädchen jubelten mir zu. Ich machte einen Rückwärtssalto (mit Gitarre und ohne mich im Kabel zu verheddern) und wollte einen kosmischen Evergreen neu interpretieren. O diese Scheißgitarre!!! Gleich beim ersten verstimmten Akkord rissen alle sechs Saiten gleichzeitig, und das unglückselige Ding drohte wieder auseinanderzufallen. Der Rhythmus der Musik kam ins Stolpern, Nadja Goldfut wurde vor Enttäuschung so flach wie ein normalgewachsener elfjähriger Knabe.

Ich wollte von nichts mehr wissen und ging heim. Die Gitarre schleifte ich an den gerissenen Saiten hinter mir her. Zu Hause würde ich sie wieder gesundpflegen müssen. Die Sache mit Nadja Goldfut konnte ich mir nach dieser Blamage endgültig aus dem Kopf schlagen. An diesem Punkt endete meine Musikerlaufbahn. Die Gitarre wollte ich bei Nacht vor Siebenenders Laden zerschlagen, überlegte es mir aber doch anders. Ich stellte sie mit der schriftlichen Bitte um Rückverwandlung (inklusive der der Ukulele) vor die Tür der Musikalienhandlung. Dann war ich mit alledem fertig.

Im Hochgefühl meiner neugewonnenen seelischen Stabilität demontierte ich daheim mein bescheidenes Aufnahmestudio und warf die Bestandteile wie gebrauchte Zahnstocher ins Klo. Die Tonbänder, auf denen Nadja Goldfut sang, vertraute ich dem Wind an. Ich schickte mir keine neuen mehr zu.

Als Miranda auf ihrer fliegenden Veranda das nächste Mal landete, verliebte ich mich in sie und folgte ihr. Dadurch war sie erlöst. Ich aber nicht.

Eines Vormittags riß sie aus meinen Büchern und Zeitschriften alle Bilder, auf denen Frauen abgebildet waren, und flog mit ihrer Veranda davon.

Im Wald

Anläßlich einer Autopanne im Wald lernt eine alte Dame vier sprechende Hasen kennen, die ihr weissagen, in einer unweit gelegenen Villa könne sie ihr blaues Wunder erleben. Sie will es dann aber lieber doch nicht darauf ankommen lassen.

Auf dem Pädagogen-Ball

Die Einladung zum Pädagogen-Ball verdankte ich als Nichtlehrer einem Jugendfreund, der die Pädagogik gegen Bezahlung ausübt. Seine Frau war bettlägerig, deshalb mußte ich mit.

Was den Weg zum Ball betrifft, so meine ich heute rückblickend, wir seien wenigstens ein bißchen Straßenbahn gefahren. Ausgestiegen sind wir jedenfalls aus einem Omnibus. Zwei blonde junge Damen stiegen ebenfalls aus und strebten wie wir dem Haus zu, wo der Lehrerball gegeben wurde. Als sie außer Hörweite waren, stritten wir uns erbittert, ob es sich um die Kessler-Zwillinge gehandelt habe. Mein Jugendfreund meinte ja, ich meinte nein.

In der Empfangshalle des ehemaligen Schwestern-Wohnheims, wo wir endlich ins Balltreiben eintauchten, stand Mozarts Originalklavier. Alle waren überrascht und riefen: »Och!« Lediglich die Musiklehrer blieben unbeeindruckt.

Mein Jugendfreund trennte sich von mir, um Würstchen zu essen und den beiden Blondinen nachzusteigen. Ich sah ihn erst nach Wochen wieder. Schnell hatte ich am Weinstand jemanden gefunden, dem ich von meiner verlorenen Heimat erzählen konnte. Ein wenig wurde auch geweint. Am Ende ward ich auf den Tisch gehoben, und alle mußten meinen ordentlich gezogenen Scheitel bewundern. Allerdings mußte erwartungsgemäß früher oder später das Interesse an mei-

nem Scheitel nachlassen. Von niemandem mehr be-
achtet, trank ich aus einem kleinen Glas und schnitt
Fratzen dazu.

An den Ausgang des Pädagogen-Balles erinnere ich
mich nicht mehr. Ich weiß nur noch, daß wir früh um
sieben verstimmt und stinkend auseinandergingen.

Hat Mozart Tagebuch geführt?

Was Mozarts Tagebücher betrifft, so herrschen bekanntlich drei (widersprüchliche) Lehrmeinungen vor:

1. Konstanze und Nissen haben sie vernichtet.

2. Konstanze hat sie beim Staubwischen fallen lassen, wobei sie zerbrachen.

3. Ein arbeitsloser Friseur aus Darmstadt hat sie gefälscht.

4. (vier Lehrmeinungen herrschen vor:) Mozart hat nicht Tagebuch geführt.

Das wollen wir aber nicht wahrhaben. Was bleibt uns also noch? Ja, wäre es heutzutage nicht möglich, mit Hilfe von Text- und Datenverarbeitungssystemen Mozarts Tagebücher zu synthetisieren? Eine wesentliche Quelle wären zweifellos seine auf uns gekommenen Briefe, besonders aber die bekannten, von des Meisters Hand stammenden Ergänzungen im Tagebuch seiner Schwester. Nein, niemand mache sich etwas vor. Solche Spielereien ergäben nur einen mittelmäßigen Schulfunkbeitrag.

So ist es also endgültig Essig mit des Göttlichen Diarien? Verzaget nicht, die Theorie von den parallelen Universen lehrt uns, daß Mozart durchaus Tagebuch geführt haben *kann*. Wenn auch nicht exakt in der uns geläufigen historischen Welt, aber doch immerhin.

Schon Robert Crumbs Herr Natürlich verkündete: »Das ganze Universum ist völlig wahnsinnig!« (Worauf Volker Fut nur ungläubig fragte: »Tatsächlich?«) Tatsächlich! Also Quantenkosmologie? Kosmische Schizophrenie? Interferenzen von »einander überlappenden alternativen Realitäten, von denen keine die wirkliche Realität ist« (zitiert nach: Paul Davies, ›Gott und die moderne Physik‹)?

Die Everettsche Theorie besagt allen Ernstes, daß die Parallelwelten in jeder Hinsicht physikalisch voneinander getrennt sind und bleiben.

»Quatsch«, sagen die Pinscher-Girls, »das wissen wir doch viel besser.«

Denn die Pinscher-Girls, zwei begabte junge Physikerinnen, die von ›Jugend forscht‹ ausgeschlossen wurden, weil sie den Juroren bereits bei der Vorauswahl als unzulässige Mischung aus Einstein und Pippi Langstrumpf erschienen waren, haben es geschafft, mittels elektromagnetischer Felder, welche sie durch das kunstvolle Hintereinanderschalten mehrerer Modelleisenbahn-Transformatoren erzeugen, die als unüberwindbar geltenden Barrieren zwischen den Parallelwelten aufzuheben.

Wir denken in diesem Zusammenhang sofort an das legendäre »Philadelphia-Experiment«, bei dem, wie mittlerweile jeder weiß, im Jahre 1943 ein amerikanisches Schlachtschiff durch elektromagnetische Manipulationen sowohl de- als auch rematerialisiert worden sein soll. Als begeisterungsfähige Laien, die wir sind, assoziieren wir etwas freizügig und geraten ins Schwärmen: Ach ja, Quanteneffekte! Immer, wenn eine Entscheidung zwischen zwei Möglichkeiten ansteht, teilt sich das Universum in zwei, eines für jede Möglichkeit. Beide Welten sind dann gleichermaßen real. In einer hat Mozart Tagebuch geführt, in der anderen nicht.

Lassen wir also Polly und Peggy Pinscher ihre Trafos aufbauen.

Wo und wann mag sich Mozart einmal die Frage gestellt haben, ob er Tagebuch führen soll oder nicht? Was für eine Sucherei! Und wenn er sich die Frage nie gestellt hat, können die Pinscher-Girls ihre Transformatoren gleich wieder abbauen, oder? Die Physikerinnen spotten über uns, weil wir Halbgebildeten uns so auf diese Frage kaprizieren. Es könne doch auch Welten geben, in denen Mozart, ohne groß zu fragen, automatisch zum Tagebuchschreiber geworden sei, sagen sie.

Eine längere Zeit des Forschens beginnt. Den ganzen Winter über leben wir gemeinsam mit Polly und Peggy in einer verlassenen Krokodilfarm am Stadtrand. Bei den Indianern in der Handelsstation kaufen wir Lebensmittel und Alkohol, außerdem haben wir noch einen alten Phonographen und einen Stapel 78er-Platten von Memphis Minnie.

Wir nehmen Experimente mit unseren Kopfkissenfüllungen vor (bei Angstzuständen empfiehlt es sich, den Kopf höher zu betten), schneiden uns gegenseitig die Haare. Tag und Nacht summen die Transformatoren. Geschlafen wird kaum noch, Tag und Nacht verschwimmen in grünlichem Nebel. Es kommt allerdings zu keinerlei schlüpfrigen Szenen.

Gemeinhin macht sich niemand eine Vorstellung davon, wie viele Paralleluniversen es gibt – ein populärwissenschaftliches Werk nennt ihre Zahl »verblüffend hoch und immer noch anwachsend«. Und »auf ihren jeweiligen Evolutionszweigen« sollen sie sich »immer weiter verästeln«! Wie ist denn überhaupt unsere Arbeitsmethode? Wie kreisen wir das Problem ein? Legen wir ein historisches Datum zugrunde und schauen systematisch nach, ob Mozart zu diesem Zeitpunkt irgendwo ans Tagebuchschreiben denkt? Oder gehen wir willkürlich vor? Ach – wir wissen es nicht. Der ökologisch angebaute, trockene Ingelheimer Weißwein aus der Handelsstation bewirkt auf der Quantenebene, daß wir gleichzeitig betrunken und nüchtern sind. Aufgrund dieses »geisterhaften Mischstatus« (Davies) kümmern wir uns wenig um die Versuchsanordnungen. Mag dies ein Schlaglicht auf unsere Forschung werfen, oder auch nicht, oder beides. In einem Universum sind wir betrunken, im anderen sind wir's nicht (sind wir aber doch!). Und in wieder einem anderen sitzt Mozart über seinem Tagebuch. Auf dem kleinen Schwarzweiß-Bildschirm von Pollys und Peggys Puppencomputer können wir sogar lesen, was er schreibt. Leider ist trotzdem keine Freude angebracht.

Genauso, wie es Welten gibt, die weder unseren fiesen Nachbarn noch den Zweiten Weltkrieg kennen, und noch andere, in denen alles ganz und gar anders ist, genauso gibt es Parallelwelten, in denen Mozart kein so bedeutender Musiker, und schon gar nicht so eigensinnig wie bei uns gewesen ist. Im vorliegenden Fall erfüllt er willig alle Wünsche seines Vaters und des Salzburger Erzbischofs. Das Tagebuch ist ein Schmarrn. Mozart notiert gerade, daß im Haushalt Zahnstocher und Pergamentpapier fehlen.

Einmal, glücklicherweise nur einmal, fällt die Stromversorgung der Krokodilfarm aus. Wahrscheinlich haben die Indianer in der Handelsstation alle Heizdekken gleichzeitig eingeschaltet. An diesem forschungsfreien Abend versuchen wir, die Grundlagen der

174

Physik übermütig leugnend, durchs Schlüsselloch zu springen.

In der Folge sehen wir einen Film über Mozarts Leben: Er spielt anfangs so schlecht, daß ihm die Leute immer sein Klavier wegnehmen, damit nur Ruhe ist. Eines Nachts bei Vollmond schiebt Mozart sein Klavier auf eine Straßenkreuzung. Punkt Mitternacht erscheint ein großer schwarzer Mann (der Auftraggeber des Requiems?) und stimmt das Klavier. Von nun an kann Mozart darauf alles spielen, was er will. Bei seiner Rückkehr zu den Menschen, unter denen er gelebt hat, ist dort ein ganzes Jahr vergangen. Niemand kann sich erklären, wo er gewesen sein mag, und alle wundern sich über seine plötzliche Virtuosität. Leider wird Mozart dann vor Vollendung seines Werkverzeichnisses (braunes Ringbuch DIN A5) auf einer Party vergiftet (Whisky). In einem schäbigen Hotelzimmer stirbt er einsam und vergessen. Nicht einmal sein Klavier kann sich an ihn erinnern. Er bläst noch einmal die Backen auf und will den Klang einer Tuba nachahmen, doch die Kraft reicht nicht mehr. Später stellt sich heraus, daß sein(e) Mörder(in) heute in einem New Yorker Altersheim lebt. Der (Die) wird von einem genialen Detektiv, einem blinden schwarzen Harmonikaspieler im Rollstuhl, ausfindig gemacht und überführt.

Uns bleibt nach dem Erwachen eine vorübergehende leichte Schwäche im linken Schläfenlappen (Schwierigkeiten beim Einschenken und Tagebuchführen).

Jedesmal wenn wir zu entscheiden haben, welche Seite einer Memphis-Minnie-78er wir hören wollen, teilt sich das Universum. Wir starren in den Schnee hinaus, uns brummen die Schädel. Da haben wir uns auf etwas eingelassen! Als Nicht-Physiker zetteln wir transdimensionale Sperenzchen an! Aufkeimenden Skrupeln versuchen wir mit heroischem Trinken zu begegnen. Zum Bildschirm wanken wir und weisen unbeholfen mit dem Zeigefinger darauf: »Da... Mozart...«

Was wir auf dem Bildschirm sehen (ein Elektronenereignis ohne Ursache, wie uns gelehrt wird), was wir da also sehen, entsteht durch unsere Beobachtung. Mozart führt in der Vergangenheit Tagebuch, weil wir ihn jetzt dabei beobachten, so einfach ist das. Das lernen heute schon die Sextaner im Physikunterricht. Und wenn wir Beobachter entscheiden, daß Mozart in sein Tagebuch was über uns notiert, dann tut er das auch. Und dann gibt es uns, weil er was über uns notiert hat. Das ganze Universum ist völlig wahnsinnig! Tatsächlich!

Wieder starren wir in den Schnee hinaus.

Mozart hat uns also erfunden, uns und unsere Forscherei nach seinen Tagebüchern, du liebe Güte. Mit uns ist nichts mehr los, nicht einmal unsere Platten mögen wir mehr hören. Vergreisend überlassen wir das Feld den jungen Wissenschaftlerinnen. Die haben schon wieder was entdeckt.

Laut Polly und Peggy Pinscher muß eine Tagebucheintragung Mozarts, in der er behauptet, es habe ihn nie gegeben, auf der Quantenebene etwas bewirkt haben, was in unserer Welt zum Fehlen seiner Tagebücher geführt hat. Das wollen sie uns rechnerisch demonstrieren, legen auch schon einen Winkelmesser an, aber wir werden ganz konfus und fangen an, alles durch 0,9 zu teilen.

Schmerzlich wird uns Nicht-Physikern bewußt, wie wenig wir die Geometrie Euklids überwunden haben. Zum Trost zeigen uns die Pinscher-Girls eine Postkarte, die Einstein an seine Mutter geschrieben hat: eine schöne Handschrift, keine Kleckse, keine Korrekturen, keine Zoten. So dürften Mozarts Tagebücher gewiß nicht ausgesehen haben. Oder doch – je nach Universum.

Das ist uns jetzt aber auch schon egal.

Zur Resignation gegenüber den Mirakeln der Quantenwelt kommt die Einsicht, wie blödsinnig unser Unterfangen doch ist, weil der ›Stern‹ bestimmt nicht die Tagebücher eines anderen Mozart aus einem anderen Universum kaufen und abdrucken wird. Auch die Stiftung Mozarteum dürfte sich für derartigen Schnickschnack nicht erwärmen. Fazit: Wir werden weder reich noch berühmt mit unserem Forschen. Falls unsere Ergebnisse überhaupt von der Fachwelt zur Kenntnis genommen würden, hätten wir gewiß mit diversen Schikanen zu rechnen. Schmähkampagnen in den Medien, nächtliche Anrufe, allmorgendlich Kot vor der Haustüre. Nein, wir wollen nicht das Schicksal des Mannes teilen, dem sein Glaube an die Echtheit von Mozarts Totenmaske zum Verhängnis wurde. (Das fehlte noch: Mozart, eine Totenmaske tragend und Tagebücher schreibend! Wenn es auch bestimmt ein Universum gibt, in welchem er beides gleichzeitig tut...)

Die herrlichen 78er-Platten von Memphis Minnie werden sorgfältig eingepackt.

»Mädels, schaltet die Trafos ab!«

Adieu, Krokodilfarm.

Mozart hat nicht Tagebuch geführt.

Die Tagebücher des W. A. Mozart

den 28:ten Feb. 1769
Der Herr Papa insistiret darauf das ein musickus so
nicht tagbuch führet, gar schieff gewicklet sey und ich
mich solle täglich befleissigen all mein thaten und erleb-
nüsse wie auch gedancken getreülich niederzuschrei-
ben. Ich aber wüst nicht was ich schreiben sollte.

den 5:ten März 1769

das schöne papier – ich mag nichts hinschmiren. der willen ist gut, allein wenn man nicht kann, so kann man nicht.

den 6:ten März 1769

mir ist ordentlich leyde um den schönen papier. ist viell zu schad vor meine miserable feder.

den 12:ten März 1769

auf der reise das journal aus der gutschen geworfen, allein der Herr Papa kauffte mir ein neües. Heülen und speiben. Sonst nichts gewesen.

den 18:ten April 1770

heut nach dem verfluchten clavier exercitium ist der Herr Papa erschröcklich in wuth gerathen und hat derselbe gebrüllet: Ey pfuy, das ist eine schande – der bub kann doch gar nichts! Ich schlag ihn tot, dann lassen wir ihn ausbalgen! Nu, wer weis, warum nicht. ein ganzes deller voll Vögeln gegessen.

den ersten Mai 1770

der General Schlageter lädt den Herrn Papa und meiner selbsten auf morgen als den 2:ten zum speisen ein. Ich soll ihm auf der Violin vorspiellen. Curios! Kränkte sich darob das Nannerl sehr und sagte, was wird der fex zum vorspiellen geladen, der wird uns keine ehre machen, kratzen tut er blos, daß man blut dabey schwitzen möcht. dreck! dreck! dreck! drauf tat der herr Papa sehr geheimnüssvoll und sagte, nu, nu, das hat alles seinen zweck.

den 2:ten Mai 1770
beym General Schlageter zum speisen, drei deller voll
pommeranzen gegessen. Er war sehr höflich. nach dem
speisen spiellte ich etwas auf der violin. hui sau; – sogleich schrie der herr general, potz himmeltausendteuf-
feln, der bub geigt ja die fliegen von der Wand, das ist
ein mirakl. Ich werd dem Kriegsminister empfehlen,
ihn als geheimmwaffe zu gebrauchen. Ihr Sohn wird
guten Effect fürs vatterland machen zu seiner grösten
Ehr und glory. ich seh schon im Feld den Feind um-
sincken und tod seyn so er diesen bestialischen lärmen
höret. Leben sie recht wohl, Herr Mozart, ich gebe
ihnen bescheid. – ich hätte gern mehr gegeigt, aber der
Herr Papa that mich geschwind heim.

den 26:ten Juno 1770
ganz entsezlich Ennuirt

den 30:ten Juno 1770
wieder ganz entsezlich Ennuirt – zum teüffel mit der
würcklichkeit und dieser gantzen scheiss Existenz! Am
abend clistir mit gutem effect.

den 10:ten July 1770
nichts

den 13:ten July 1770
krangheit empfunden und mit gedult übertragen. Warum nicht.

den 19:ten July 1770
gar nichts erlebt. Auch schön.

den 14:ten August 1771
heut hört ich den Herrn Papa zur Mama sagen, mit meiner carrière beim militaire sey es nichts, da der kriegsminister forchtet, mein Violin spiell könne das eigne
heer vernichten. hehe. auch gut. Scheiss-militaire.

den 29:ten October 1771

wieder eine menge nicht gewusst. Fragt mich der Herr
Papa ob ich denn dumm wolle sterben. Darwider hab
ich nichts, tat ich ihm antworten, hauptsache ich bin
tot. denn tot-seyn ist mein lieblings-leben. Warum auch
nicht? Sonne geschienen, starck gewitter, abends dunckel.

den 8:ten August 1772

Zwey volle deller von prall wurst gegessen – ein genuß
aber auch! Oder so was. Groß hitze.

den 7:ten August 1773

wieder nur hundsfütereyen oder so was. auf die letzt ein
ganz bouteille von starcken wein bey der tafel getruncken. Nu, warum nicht.

den 27:ten Februar 1774
entsezlich Ennuirt. Mitten in der nacht weckte uns die
Mama, um uns zu sagen, das dunckel seye.

den 2:ten Dec. 1774
wieder offens leibs, räthselhafften dreck geschissen. wie
ich ihn recht anschau, so seh ich, es sind haare und
kleine knochen darbey. o räthsel, o dreck, o wunder. –
Räthseldreckwunder!

den 12:ten Dec. 1774
Mit fremden frauenzimern und Manspersonnen in der
unterstadt Randallirt, viell aufsehens gemacht. schla-
gende wetter im wein. später geregnet. Mondschein.
Kalt.

Dunkel

den 25:ten Dez. 1774

zum lieben christ einbeschert, neües journal bekommen. ey pfuy geschryen. Maulschellen. zur mess. in
Domm. Geschneit, nachtmahl beym hagenauer, Nu-
deln mit hut. Nesnaschroll brillaboll.

den 9:ten Jänner 1775

um halb 9 uhr zum Papa und gefragt was ich izt einmal soll komponirn – hüpsch wetter. Hernach ganze Bögen mit mühsammen kleinen Noten vollgeschrieben, die mein bester vatter am Nachmittag eigenhändig verrissen und dabei wiederhollt geschrien, alles sey schlecht und grundfalsch. Forcht vor der scheiss Musick. auf den Abend zum erschröcken viel geregnet.

(Aus der Zeit zwischen Januar 1775 und März 1780 sind keine Eintragungen überliefert.)

den 5:ten März 1780

vormittags schon verdruß mit der Nacht Musique, um 10 uhr in Mirabellgarten Bratschen vernichtet, schön wetter, abends neuerlicher verdrus, nicht mehr gewußt wie die Domm Orgel, die Schand Canaglie, zu spielen sey. In den Discant geschissen.

den 29:ten März 1780

Nach der 4 uhr Mess. abscheulichen Auftritt mit dem Herrn Papa gehabt wegen den Pianoforte. Ihm gesagt, ich bin kein Musikus, werde gewiß nie was gescheudes in der Musique machen können und schämme mich ordentlich. seyt tägen nicht mehr offens leibs. Hernach tarock gespielt, abends lust mich aufzuhencken.

den eilften May 1780

gottlob und danck glücklich wieder als ich selbst am Morgen erwachet, um 10 Uhr in den Cathedrale Domm und zu Ehren seiner Hochfürstlichen Gnaden, des gnädigsten Landes Fürsts und Erzbischofs in tiefster Unterthänigkeit für alle empfangene Höchste Gnaden ein himmlisches Magnificat executiren wollen, wie ich aber hin kamm, so waren die Musicker besoffen und alle nothen aufgefressen. Um 1/4 über 12 uhr spatziern mit dem teuern Herrn Papa. Ihm 1000fach recht unterthänig die hände geküßt und auf knien gelobt, in der Kirchen Musick allzeit tüchtig zu seyn. Gesagt, die Ehre und mein Seelenheyl ist mir über alles. Relle ralle rupp – Kwu kwäck garull!

den 13:ten September 1780

heute morgen wieder einen neüen dreck geschissen. O dreck – es waren kleine zähne darinnen. Auch schön! Warum nicht? In bett geleegen, abends sauffen. Soll mich gott doch straffen, wenn er kann!

den 28:ten September 1780
Zum frühstück guts glas starcken wein getruncken voller glückseelickeit. Beym Cannabich zum tarock karten spiellen, war wieder alles voller bassett hörner. Wissen sie, Mozart, sagt er zu mir, wenn ich in dieser bösen zeit meine bassett hörner nicht hätt, nu, wer weis, ich wüst nicht. Kurios! So gieng ich den augenblick wieder weg. Starcker wind. Mond, dunckel, geregnet.

den 9:ten Oct. 1780
spiellte irgendwo ein concert, ganz entsezlich Ennuirt.

den eilften November 1780
bey tisch erzählte die Mad:me Cannabich, dem Erzbischof sollen beym hantiren mit butter der daumen und der zeigefinger dermaaßen ohnglücklich übereinander geschnipset seyn, daß er immediater in psychiattrische behandlung muste. Auch schön. Nu, warum nicht? stogoll stoz spatziren gangen.

den 31:ten Nov. 1780
Ich wüst nicht, was ich schreiben sollte.

den 5:ten Decembre 1780
gestern ist die neüe opera vom Nannerl in scena gangen.
Ich konnt nicht hin, weil ich das laxiren hatte und das
scheissen abweichen forchten mußte. Mich darob sehr
gezörnet.

den 6:ten Dec. 1780
Ich glaub ich soll auch eine opera schreiben, heülen
könnt ich, den dieses versezt mich in die allerkrittisch-
ste laage. Wie erschröcke ich vor diesen gedancken!
Ganzen tag geschneit, o schnei, o tag, o ganz, schnölb
schraddellidder.

den 10:ten Dec. 1780

am morgen aufn heisl kleine zahnräder im dreck. Das ist doch kommisch, denk ich mir, wie ich schon so bin. Nach=mittags der gräfin Zizi und der gräfin Thun salzbourgermaaßen mein geburtshauß gezeigt. Steht man dafür so siehet man es von vorn, geht man herum so siehet man es von vorn. Um 13 uhr 42 ostgotischer zeit zum mittag essen beym Herrn Generalluftvermesser von Kreuznach Kapot-Kobot. Der hatte das schmeissen. Warum auch nicht? Er regalirte uns mit zechwein, speysekuchen und seyffe, legte auch mehrerntheils eine schöne wohlredenheit und denkungsart an tag, sagte nemmlich: das Centrum bleibet allemal der arsch. – Uns war wohl, der lärmen muß weithin hörbaar gewesen seyn. Nicht geschneit.

den 20:ten Dec. 1780
heüte ist der fünfte tag daß ich an dieser Sinfonie kritzle.
Diese Unannehmlichkeit wünsch ich mir wohl herzlich
vom Halse, wie vielle wichtigere Sachen hab ich nicht
im kopfe! Alles voller bodenloosickeit. Kalt wetter.

den 24:ten Dez. 1780
nichts gewesen

*(Aus der Zeit zwischen Dezember 1780 und Februar
1784 sind keine Eintragungen überliefert.)*

den ersten Febr. 1784

Poz Element, Europa, asia, jesuiter und kein End schwere noth – kriegt mein Weib, das alte Lueder, doch ein Kind vom Salieri! Der hund, der Elende Notenschmierer, der Säüffer und hurrer – schwängert eine nach der anderen! zuerst wollt ich mich Totschüssen, doch das Terzerol ist im Pfandhaus. – Mit dem Beethoven zum Sculpetti, der Beethoven, ja das ist ein sehr gutes genie, ein waahrer freünd! gesoffen wie die Kuhrfürsten.

den 10:ten März 1784

meine liebe schwester das Nannerl hat sich billetten drucken lassen: Marianna Mozart – Wuchtig-Elementaare TrotzMusique. – schon wieder ist eine Oper von ihr mit vielem beyfall aufgeführt worden. warum nicht, kurios! und doch kann ich es fast nicht glauben. sie ist auch gros und dick geworden, daß ich sie fast nicht mehr kenne.

den 4:ten Dec. 1785
der Salieri cujonirt mich zu Tod indem er wieder und wieder unsere thür vernägelt. was ist das für eine Manier?

den 7:ten Jan. 1786
kommt die frau doch schon wieder mit einem Kind vom Salieri nieder! drauf hab ich die thür von innen vernägelt. seit tägen komm ich nicht zum Maalen. Maaßlooser Ennui. pfuy wurst.

den 11:ten Feb. 1786
ein durchreisender Virtuoso der Rasende Recorder von Schweinfurth geheißen gab gestern ein Concerto im theater und hat viell aufsehens gemacht: ein wüster karackter. am end hat er alle sonaten erstochen, das publico rasete mit. es heißt, das Nannerl soll neüerdings eine Affaire mit ihm haben. Ey pfui.

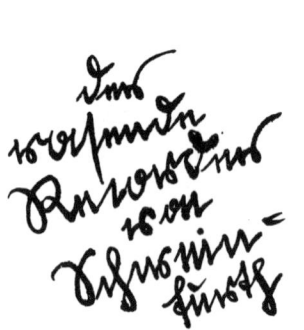

den 25:ten Feb. 1786
der Süßmayer hat eine uralte uhr in einem Graab gefunden. die bracht er gleich zum uhrmacher, vielmehr zum großvater des uhrmachers, also zum uhruhruhrmacher.

den 19:ten Juni 1786
das Nannerl zieht gegenwärtig mit den Hilfstruppen des Rasenden Recorders von Schweinfurth durch die Welt. heut bekamen wir post von ihr aus dem Kanton America. wer soll mir inzwischen die Concerten und Sinfonien componirn? Ich werd den Salieri bitten müssen.

den ersten Aug. 1786
nachdem ich das drittemal angefragt läßt mir der Salieri bestellen, das er nichts für mich kann componirn, weil er so beschäftigt ist mit frauen Schwängern und lichtleitungen verleegen, der hundsfut. Heüt hat er schon wieder unsere thür vernägelt. er soll mich lecken ohne end.

den 30:ten Aug. 1786
gott lob und danck ist das Nannerl glücklich wieder da, ganz dünn ist es worden draussen in der welt. beym nachtmahl hat sie mir sogleich die benöthigten stüke hingeschmirt auf einen schiss.

den 19:ten Oct. 1786
Das ist curiös! die frau hat schon wieder ein kind vom Salieri bekommen! vor schrocken bekam ich das schmeissen: es waren büreau-Klammern im stuhle! O Welt! o anusköpfiges schicksal!

den 21:ten Jan. 1787
erst heüt fand ich dies Jornal wieder nachdem ich es
über ein viertel Jahr gesucht. auf dem heisl vom Nannerl lags, als arschwisch haben ihr die letzten seiten ge-
dienet, nu, warum nicht!

den 22:ten Jan. 1787
von einem alten stock welcher im Boden steckt erfuhr
ich: vom Beethoven hat mein Weib auch ein Kind!
Chartheüser, Capuciner, heil:kreüzer herrn, alle bärn-
häüter, spizbuben, hundsfütter, Cujonen und schwänz
übereinander! Die dreck Sau! der liederliche socius! nur
der gedancke macht mich schon vor wuth zittern –
nächtens beym Sculpetti, mit dem Haydn das universum versoffen.

den 17:ten Feb. 1787
Grauen und Eckel vor dem miserablen Elenden Pianoforte. Schon mittags sternvoll, mit dem Paumgartner
und etwelchen Frauenzimmern das clavier angezündet.
Also war der Tag nicht fruchtlos. Abends in die wirths-
häüser und sauffen. schön wetter.

den 3:ten April 1787
neües giebt es nichts.

den 29:ten Juny 1787
wieder nichts gewesen

den zweyten July 1787
schon wieder gar nichts neües.

den 4:ten July 1787
vor verdrus möcht ich Pomeranschen scheissen! Nu hat
die frau ein kind vom Haydn gekriegt, das ist doch zu
arg. ich kann meine Ehre durch nichts anderes retten,
als daß ich Satisfaction deswegen begehre. nächster
tägen werde ich dem hundsfüttischen buben auf öffentlicher gasse einen tritt im arsch geben.

den 31:ten July 1787

Das Nannerl hat mir die Don Juan-Oper hingeschmirt, da les ich in der zeitung, daß mir der Salieri, das Vieh, mit einem Werke gleichen titels ist zuvor gekommen. Kann ich also meine Opera wegschmeyssen und Lastwagenfahrer werden. Ich bring ihn um, den Salieri! Am nachmittage Beethoven um Gift angegangen, der aber stellete sich taub. Wuth und Verzweyfflung!

den 25:ten August 1787

irgendwas war, hab aber vergessen, was.

den ersten Sept. 1787

Bluterguß hintern rechten Ohr, mag auch seyn hintern linken. Muß mich das saubre Ehweib im schlaffe mit einer Dach latten geschlagen haben. Und alle Welt jubelt diesem Salieri zu! Er machet sich beym publico beliebt mit seiner welschen Katzen Musick, derweilen unsereins zuhauß kann sitzen und Pullover stricken. Bis zum Abend nichts als einkauf und abwasch.

den 10:ten Oct. 1787

nach der 10 Uhr Messe dem Salieri ein Post-Pacquet gesandt, worinnen ein vergiftetes Pianoforte befindlich. Und hülft dieses nicht, so erstech ich ihn in der Badewannen.

den 14:ten Oct. 1787

Mad:me Weber erzählte, ein gewisser Mayer, Meyrinck, Maibach oder wie der kerl heißet, könne als tonsetzer nicht reüssiren, weill kein Musicalienverleger etwas von einem Componisten wolle veröfentlichen dessen nahme

mit *Mayer, Meyrinck, Maibach oder wie der kerl heißet*
müsse angegeben werden. Und dann? fragte ich. Doch
da war die lustige histori schon am end, kreutz sapper-
ment. Herbst wetter, nachts kein licht.

den 2:ten November 1787
nach der Singeacademie mit den Weberschen und dem
Süssmayer prallwurst im prater gegessen. kam der
Schickaneder und gaab uns kleine pillulen, daß wir
kaum noch zwischen Domm und sperrstunde hindurch
paßten. alsdann zum Beethoven, unter seinem fenster
ein fatales notturno aufgeführt ad libitum: Beethoven,

alter salatschnauzer, fischplattler, schneyder gottes, panoramascheibist! trägst kleidchen aus waschlappen und Hosen aus rinde! – der Beethoven indes hörte gar nichts darvon, warff also auch nicht mit seinem werkverzeichnüß nach uns. gar lustig und kindisch waren wir. Vor lachen kriegt ich schier das schmeissen.

den 19:ten November 1787
Man verlangt von mir, ich solle 40 Sinfonien schreiben, da wandelt mich die frostigkeit des Todes an. doch das Nannerl schmirt sie mir hin. Gralch! Branz! kalt wie in winter.

den 15:ten Dec. 1787
ein winter wie die Welt noch keinen zweyten erlebt hat. Heuer haben wir ganz darauf vergessen das gartenClavier rechtzeitig herein zu hollen. Nun bersten ihm im schneesturm dö spanten und BesanBordüren nur so weg. Wir trinken spirituosen von großer hefftickeit und lachen unser in winterschlaff. Ganzen tag geschneit wie's halt schneit. zur frau gesagt: wir müssen das gurken fass winterfest machen.

(Aus der Zeit zwischen Dezember 1787 und Juni 1789 sind keine Eintragungen erhalten.)

Bildnis mit Vollbart und selbst-
gemachtem Haarschnitt
(Gemälde von Ludwig van Beethoven)

Nannerls Visitenkarte

Nannerl Mozart
auf dem Höhepunkt ihrer Karriere
(Gemälde von Gylowski)

A. Salieri
(Kupfer von Chodowiecki)

Die Sängerin Roccetta
(Stich von Jerome Weiglé)

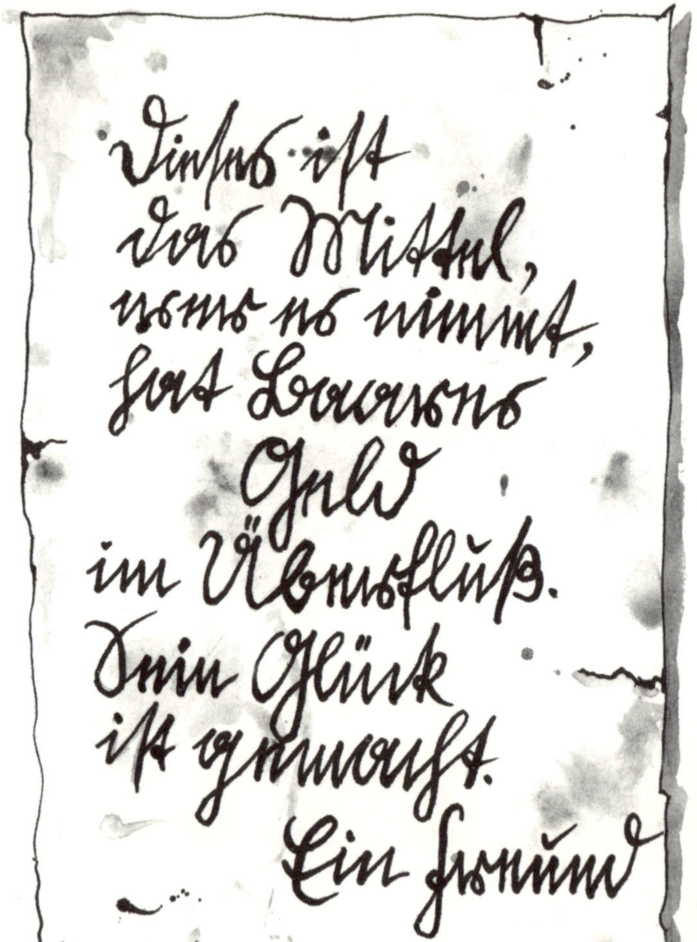

den 18:ten Junius 1789

Am vormittag zum einkauff in die stadt. die beste zeit
und krafft vergeudet, um teigwaaren stundenlang her-
umgelauffen und nirgendwo welche bekomen. Man
wird vom haushalt zu tod cuioniert. nach mittags Arie
des oberförsters: Die Tiere des Waldes haben Geld wie
dreck, begonnen. Gleich wieder aufgehört, da alles ganz
ohne geist und feuer. Die Mademoisellen Aff und Fax
gekomen, da sangen wir vierhändig quadrupelfugen aus
dem handelsregister. Um 9 uhr hatten alle flöh, ich sie
heimgeführt, wie ich schon so bin. Beym Sculpetti starcken wein getruncken.

den 26:ten Juno 1789

Wie alle tage um 6 uhr kamm der friseur und weckte
uns. doch weder die frau noch meiner selbst konnte aus
den bett. so erwogen wir, aufeinander einzuprügeln um
wach zu werden, waren jedoch zu müde. Nach und
Nach – kam der abend!

den 27:ten Juno 1789

Von früh bis spät immer dieses mühsamme existiren!

den 23:ten July 1789

mit dem toten Papa, dem Nannerl und der frau nach
Klavier-Heidenstätt gefahren. Da waren wir dann aushäusig und gleichzeitig nicht daheym. Gefahren wie
man halt so fahret. abends wieder heim gefahren, die
gutsche immer um uns herum, hagelkörner oder schloßen so groß wie hagelkörner oder schloßen.

den ersten August 1789

Der Da Ponte ist ganz zur maschinendichtung übergegangen, das ist der einfluss derer würcklichkeyts zer-
trümmerer zu Paris, welche daselbst unter leitung des
ErzSurrealisten Kaffka gott läugnen und das universo
krümmen. schmit mir halt das Nannerl das libretto
hin. die musique schreibt sie mir eh. Affen hitz.

den 30:ten August 1789
Haydn beym einkauffen getroffen. Seyne frau will
6 paar schue und ein schlafgewand mit nachtglocke.
Beethoven componire nichts mehr, sagt er, sondern ver-
schlinge nur noch klobassen und glumseklopse. brüll
hitze brillabol hupp hotz.

den 4:ten September 1789
der lichnowsky will die neüen quartetten im Schwimmen spiellen lassen.

den 14:ten September 1789
Bassettbürsten mit saum bestellt und etliche leidlich
gerade stöcke.

den 17:ten September 1789
alle täg nur papier voll schmiren und wegwerfen. die
finger brennen mich ganz vor lauter schreiben und ich
empfinde krangheyt.

den 24:ten December 1789

Um 10 uhr Morgens das scheissen bey hof gesehen,
schön wetter, bis tief in die Nacht entsetzlich vielle ge-
schäften, welche bestanden im trinken, essen, schreyen
und leute stöhren. Auf öffentlicher gasse rauschig den
blosen arsch hergezeigt. Nägel gebissen, abends geschneit, wie's halt schneit. Schnött.

den 12:ten Januar 1790

Mit Beethoven, Haydn und Dittersdorf beym Sculpetti.
arbitraires componiren beschlossen. Gefroren. Gassen
spiegelglatt, auf die fressen gestogollstotzgestürtzt. Kalt
wetter.

den achten Februar 1790

die Bellhammelsche truppe ist sammt aufblasbaaren
Opera hauß von himmel gefallen. Sie haben izt ein vor-
treflich schöne sängerin, eine riesin nammens Mad:selle
Rocchetta, die mein geblüth starck in wallung bringt.
o herrlicher arsch oder so was! Die natur spricht in mir
so laut, kann mir nichts nöthigers denken als diese frau.
fragt ich also den Bellhammel, ob ich ihm ein neües
singspiell im modernen styl für seine truppe soll machen. Er sagt, sofort, warum nicht, Ey beleybe! Herr
Mozart, hier ist das textbuch oder so was, und schreiben sie der Rocchetta nur hüpsch ein paar scharmante
arien hinein, damit sie Effect kann machen. – Niemand
hat die riesin bis anhin singen hören. Ihre stimme soll
schreckbar seyn und viell geld erwerbe sie sich mit
ihrem leibscapital.

den 22:ten Feb. 1790
die sängerin fleisig besucht. sie sagt, ich solle meinen naamen gänzlich ändern und mich fortan Glamfadox von Glammfidder nennen. geschneit.

den 10:ten März 1790
Großes gemählde begonnen welches das Große Unterhosen von 1786 daarstellt. Wenn ich ein bischen Zeit finde so male ich ein Stückchen wieder daran, vors erste mus die Aria für die riesin fertig werden. Ich weis nicht wo mir der kopf steht, hab auch ganz darauf vergessen wie zu componirn sey. irgend so was mit nothen und tönen halt.

den 17:ten März 1790
beym Dammenherrichter Geld verthan: 10 paar Schue und complett neüe prächtige gardarobbe für die riesin-Rocchetta. Sie aber ganz entsezlich Ennuirt, tracktirt mich mit den grösten Sottissen und impertinenzen und ihren falschen kalfactereyen.

den 19:ten März 1790
heüte wieder die riesin besucht. ihr praesente mitgebracht: mehre längliche dinge mit klumppen dran. warum nicht? über die Aria discuttirt, dann wollten wir zusammen lustig seyn. Hinnach hat man mich besoffner in der Sängerin Bette ganz ausgezogner gefunden. An die wand geschrieben stand von meiner hand: Kaufft hundegeld! – Warum??? Mir ist, daß ich in meinem kopf nicht recht richtig muß gewesen seyn, mich mit diesen fraunzimer ein zu laßen. Alle welt sagt mir iezt: Sie hat keinen gusto auf Dich. Ist auch schon abgereiset.

den 15:ten April 1790
nichts

den 28:ten April 1790
immer noch nichts

den 6:ten May 1790
die freymaurer sind an allem schuld. clistir das kracht.

den 23:ten May 1790
der herr praelat Fischer führt die zweytfrisur im klin-
gelbeutel mit. mehr war nicht zu erfahren, langweilige
zeit.

den 27:ten May 1790
Das Nannerl macht erschröckliche experimenten, das
theater immer gestrozt voll, wenn sie was aufführt.
nennt sich neüerdings Tungusen-Suse und reitet auf
einem schwein.

den 15:ten August 1790
hoffentlich ist dies jahr bald um

den 26:ten Januar 1791
wieder voller wuth eine Musick bewerksteligt, schöne
schiefe töne, und in dem maaße in dem mein zorn
wuchs, wurden die noten immer wüster, wie beym gallopp reiten geschrieben, zulezt kannt ich die Musick
nicht mehr, so sehr überschritt sie alle ordnung, maas
und Ziel, ich kannt mich ordentlich selbst nicht mehr.
Ich drückete meine leidenschaft bis zum Eckel aus, die
Musick geriet in die schaudervollste laage, lauter fremde
Töne wählete ich, welche das ohr aufs infamste beleidi-
gen. Wer dies hört wird nie wieder schlaffen können
und verreckt vor wuth und Hass.

den 9:ten Februar 1791
neüe wohnung bezogen: holzhaus mit kurbel in der
Trottelsauffgasse 10. Wohlfeil.

den 12:ten Februar 1791

mit dem Beethoven und dem Salieri gewettet das ich ohn Hülfe vom Nannerl binnen vierzehn täg ein Oratorio kann hinschmirn. nu, warum nicht? ich wüste nicht warum nicht. nu, und um was gehet die wette: ja, um nichts geringeres denn um eine million Dugaten.

den 17:ten März 1791

Der Salieri hat mir das Oratorio mit dem Titel: Unsre arsch als friedenszeychen, gestohlen und unter seinem namen mit größtem beyfall gegeben. Susamariafürchtegottgrindsalatmotor! Ich tobete darob sieben täg. Regen.

den 2:ten April 1791

über nacht ist mir ein capitaler vollbarth gewachsen und geht nicht mehr ab. Kurios! Warum nicht! Ich werde mich deswegen aber um kein haar verändern und es als ein geheimnüss hüten. Bey gott, von mir soll niemand ein Sterbenswörtchen darüber hören.

den 10:ten April 1791

der frau des geständnüss gemacht das ich insgeheim einen capitalen Vollbarth trage. Ob meine ursachen sotanen barth zu haben gut gegründet seyen und ich es auch schriftlich ausgemacht habe, fragte sie. Es sey nemmlich eine schriftliche legitimation des Magistrats nothwendig welche ein halbes jahr vorher zu beantragen. ich verfaste die petition also, liess auch ein portrait von mir mit vollbarth malen. Nu, man muß abwarten.

den 13:ten April 1791
Schräubchen und muttern geschissen. mir wird dabey
schier selbsten bang.

den 14:ten April 1791
es war mir gestern immer als müsse ich eine idee haben
– allein, mir fiel es nicht ein. heut aber als ich so schön
frisiert auf dem Ball tanzte, hatte ich den glücklichen
gedancken: wer kann schräubchen, muttern, zahnräder
und so was scheißen, der muss auch können geld scheissen. Und das traue ich mir in der That zu, ohne mir viel
darauf einzubilden. holl mich der teufel – es darf keine
blosse unmöglichkeit seyn, ich muß nur das rechte laxativ finden, ein alchymistisches kunst stück ist von
nöthen. Dann bekämen meine umstände eine andere
Wendung!

den 16:ten April 1791
gestern hab ich ein Concert bey hofe gespiellt. ich
spiellte so gerad auf ungewis, auf glück und dreck. der
kayser war sehr gnädig gegen mich und gab mir hernach
ein laxativ und sagte: hier haben sie ein laxativ drauf.
Dann namm er mich hernach beyseite und hat heimlich
vielles mit mir über meinen barth gesprochen. Er versprach sich für die bewilligung durch den magistrat
recht sehr einzusetzen. dann gab er mir ein laxativ und
sagte: da haben sie ein laxativ drauf. er fragte: Aber bey
ihrer Ehre als Teütscher: ist er echt, der barth? Majestät,
sprach ich, er ist all echt und all mein. Da hat er mir
bravo gesagt und: hier haben sie ein laxativ drauf. Zum
abschied schenkte er mir ein werkverzeichnüss. Auch
schön. Nu, warum nicht?

den 17:ten April 1791
laxiert weil es der kayser also gewollt

den 18:ten April 1791
laxiert und sonst nix

den 19:ten April 1791
laxiert, aber geld kommt keines heraus. B'schiß!

den 20:ten April 1791
geld scheissen: das ist hart.

den 28:ten April 1791
immer noch kein geld abgeführet, jedoch unerwartete Nebenwirkung beobachtet: mit einemmal sah ich alle menschen um ein merckliches verändert ja aufs entsezlichste verzerrt. zunächst ergriff mich starcker schrokken daß ich wähnete ich sey Unsinnig geworden und müsse ins asylum. nach und nach aber dacht ich bey mir, dies ist curios. wer weiß, überlegte ich, vielleicht sollt ich diesen würcklichkeyts-anamorphotischen Effect conservirn? in einem raptus ohnegleichen zeichnete ich unter hitzigem einduncken der feder ins dintenfas etliche portraits:

vom Nannerl

vom Beethoven

vom Haydn

vom Salieri

und eins von mir selbst.

darzu mußt ich unter zwang allzeit ausruffen: An-
möbel, abmöbel, auff & nieder=möbeln, auszumöbeln,
Möblament. Infame Sachen sind das!

den 30:ten April 1791
seit heüte ist das Närrische ruffen und anamorphotische
Sehen wieder abgeklungen, fast schade, das war wohl
ein dummer streich vom herrgott. mir scheint, die Portraits sind doch nicht zum ansehen. izt wird wieder
laxiert um so viell möglich geld zusammen zu bringen.

den 21:ten May 1791
au weh, au weh, au weh! Neüerdings tribulirt mich die
forcht für menschenfressende clavizimbeln, von wel-
chen izt immer häüfiger zu hören. Sonne geschienen
und abends dunckel.

den 26:ten May 1791
Habe nunmehro meine persönlichkeit arrondiret ver-
mittelst neüen, selbst gemachten Haar schnitts. Daß ist
abscheulich, rief da die frau; das ist eine schande, hieß

mich anenzephalischen schandfriseur und jagte mich aus dem Hauß. da lieff ich 30 Kindermeilen, das sind 4,087 Werst, und kam zur Nassau strasse. Dort befindet sich der Demenz Tempel wo man sich kann lassen seelig=sprechen und davor obendrein 250 000 duckaten erhalten. also wies ich meinen Haarschnitt vor, wodurch ich prompt die seelig=sprechung erwirckte. Weill jedoch der priester eyllig zum bahnhoff muste, ward die ceremonia im schweins Gallopp vorgenommen und der preis auf 25 kreutzer heruntergehandelt. Nu, warum nicht? Geregnet. Zum Sculpetti, praf sauffen.

den 29:ten Juny 1791
Drückende schulden, nun ist die noth aber im hemd.

den 1:ten July 1791
nichts

den 2:ten July 1791
wo ist das ultimative laxativ???

den 23:ten Aug. 1791
warrten aufs rechte laxativ und die barth=bewilligung vom magistrat. verdrüsliche stimmung. snöt snöt snöt prrrrrrrrrrrrrrrrrrrrrrrrrb.

den 30:ten Aug. 1791
vom magistrat noch immer keine bewilligung des bar-
thes mein. hab mich aber vom Beethoven malen lassen.
gut getroffen, sagen alle in ansehung des werckes.

den 11:ten Sept. 1791
was will ich mehr? izt trägt auch das Nannerl einen
barth ganz wie ich. sie sagt wir scheissen auf die bewilligung vom magistrat. ich muß es bekennen, sie hat
recht, aber es wäre halt doch gut gewesen, wenn ich
hätte können eine schriftliche Erlaubniß bekommen.
ich muß nun darauf verzichten, sonst würde das Nannerl glauben ich traue mir nicht, weil es hier der ge-
brauch nicht ist. kömmt es auf das äüßerste steht gewiß
der kayser für unsere bärthe ein, doch es ist nichts
sicheres.

den 14:ten Sept. 1791
alles ist einfältig und dumm, meine gedancken sind
unnütz.

den 25:ten Sept. 1791
wie es auch so ist hat uns heute der Salieri das heisl vernägelt. dies gieng zu weit, ich brausete auf. wolltegott
der hund, das vieh thäte verrecken. er hat keine religion.

den 27:ten Sept. 1791
bis dato nicht das ultimative laxativ gefunden. unsere
umstände sind dringend, unser Caßa steht sehr schlecht
oder wie sagt man da? wir sparen so viell es möglich ist
an kost, logement, holz und licht. wenns kalt wird mag
das scheiss=Pianoforte verheizet werden.

den 7:ten October 1791

letzte nacht hatt ich den allerseltzamsten Traum. Mir traumte ich war in der Gekrönten Hoffnung. da ergriffen mich meine logenbrüder und trennten blitzschnell meinen kopf ab und stellten ihn auf eine console. Es flos darbey kein bluth. dann lasen sie die buchstaaben in meinem kopfe und sagten: es stehet nichts gescheudes darin. Sodan sahe ich mit an wie sie meinen leichnahm in kleine stüke schnitten, alles fleisch von den knochen Schabten und verzehrten. Dazu sangen sie: Rei ri papolk papolk, wer küst das bekümerte licht? In diesen schrokken erwachte ich und rief: gleich scheiß ich an den plafond! Die frau brachte starcken schwartzen koffé und gab mir ein paar tüchtige Ohrfeigen. Curios! Da war ein erschröckliches getös mit glatschen.

den 19:ten Oct. 1791
voller ingrimm fruchtfliegen erschlagen und nieder-
gebrennt.

den 20:ten Oct. 1791
neüe oper vom Nannerl im opera hauß gegeben worden. Ich saß im publico wie der Riesenschnauzer des
erzbrahmanen Brimmel unter denen uhus. die frau hat
abermals ein kind vom Salieri. das ist doch der Nieder-
trächtigste kerl von der Welt.

den 10:ten November 1791
Potz saperment, ich befinde mich in einer ziemlichen
verlegenheit. der kayser kam zum nachtmahl und
wollte unbedingt ein Kind von mir. Majestät, gab ich
zur antwort, das geht auf keinen fall, nie kann ich Ihnen
ein kind schenken. Es ist ohnmöglich und ganz wider
die natur. – Ich will's auch gut bezahlen, sprach er und
gab mir einen Praegusto darauf: 50 Gold dugaten. die
naam mir aber die frau sogleich weg und reiste mit dem
Beethoven ins Baad.

den 13:ten November 1791
täglich fragt der kayser nach dem kind. es soll so einen
barth haben wie ich, verlangt er. Er soll mich lecken
ohne End. der Salieri hat alle fenster laaden vernägelt.

den 29:ten Nov. 1791
hoffen wir, aber nicht zu viell!

den 2:ten Dec. 1791

wie ich so nachdenke, wie ich an besten ein sichres mittel zum geld scheissen bekomme, so höre ich was an der thüre. ist das schon wieder der miserable Salieri, denk ich, vernägelt der uns schon wieder die thür? ich lauffe hin und öffne. Da steht ein fremder draussen, ganz unbekannt und finster, und giebt mir ein pacquet. Was ist das, denk ich. ein praesent? pares geld? Ich fragte ihn, mit wem ich die Ehre hätte zu sprechen, er aber spricht kein wort, sondern reicht mir blos das pacquet und verschwindet vor meinen augen. Curios! also reiss ich das packpapier auf und find ein pulver darinnen und einen zettel darauf stehet: Dieses ist das mittel, wer es nimmt hat Baares geld im überfluss. Sein Glück ist gemacht. Ein freünd. – Das pulver genommen. der arsch brennt mir wie feüer – will ein geld herauß?

den 3:ten Dec. 1791

Heüte war zu erfahren, ganz Nord- und Mitteleüropa sey inzwischen von denen amerikanischen Wilden, welche Indianer genannt, niedergeworffen und besetzt.

Eine Invasion Wienns stehe bevor. Beym Salieri Gift besorgt, das werd ich nehmen, wenn der Feind das Weichbild Wienns betritt. O Wuth und Noth.

den 4:ten Dec. 1791

Heute ist das zehn Jahre her, daß ich die Schnapsfabrik von mein Vadder geerbt hab. Seitdem schreib ich ja auch Tagebuch. Das gibt ja immer so viel zum Erleben. Erst heute war wieder was. Gleich nach dem Frühstück bin ich mit mein Freund Friedrich losgefahrn: das ging per Straßenbahn zum Mars! Jawoll! »Mensch, Mozart, altes Haus«, hat Friedrich denn gesagt. Und ich hab gesagt: »Nu sei mal ehrlich, Friedrich, *so* schön hast Du Dir das aber nich vorgestellt, was?« Auf dem Mars haben wir denn das ganze Schnapsvorkommen ausgetrunken, und nu is der Mars ganz alkoholfrei. Und dazu haben wir singen getan: »Ahoi, mein liebes Lebenselixier, ahoi! Ahoi! Und vergift mein nicht und vergift mein nicht!« (Zu singen nach der Melodie von ›Adieu, mein kleiner Gardeoffizier‹, KV 5014b)

Eugen Egner

Geboren 1951 in Ingelfingen/Württemberg; lebt seit 1955 in Wuppertal; sucht heute händeringend eine ruhige, bezahlbare Wohnsituation an einem besseren Ort (seriöse Angebote bitte an den Verlag). Während seiner Kindheit, die er teilweise in einem ausrangierten Reichsbahn-Waggon am Stadtrand verbrachte, galt er als zeichnerisches Wunderkind, ohne wirklich eines zu sein. Nach der mittleren Reife 1967 hat er diverse Tätigkeiten ausgeübt, u.a. bei einer Versicherung Akten vor deren Vernichtung sortiert, war Grafiker, Maler und Musiker. In den Achtzigern verdiente Egner sich sein Brot mit Auftragszeichnungen für *Die Sendung mit der Maus* sowie, weitaus lieber, mit freien Kurztexten und Hörspielen für den WDR-Rundfunk. Ab 1987 erschienen seine Texte und Zeichnungen in Zeitschriften, Zeitungen und Anthologien. Egner hat an zahlreichen Ausstellungen mitgewirkt und bis zum Jahr 2003 ein gutes Dutzend Bücher veröffentlicht:

Als die Erlkönige sich Freiheiten herausnahmen (Zeichnungen, 1986) – *Glücklich ist, wer vergißt, daß er nicht zu retten ist* (Cartoons, 1991) – *Aus dem Tagebuch eines Trinkers* (Das letzte Jahr, 1991) – *Als der Weihnachtsmann eine Frau war* (Erzählungen, 1992) – *Das Blöken der Blumen* (Cartoons, 1992) – *Der künstliche Mann* (Eine Bildergeschichte, 1993) – *Der Universums-Stulp* (Roman, 1993) – *Phrenesie-Album* (Freie Rhapsodien & Paraphrasen, 1994) – *Getaufte Hausschuhe und Katzen mit Blumenmuster* (Erzählungen, 1996) – *Was geschah mit der Pygmac-Expedition?* (Roman, 1996) – *Die Tagebücher des W.A. Mozart* (Von ihm selbst illustriert, 1998) – *Androiden auf Milchbasis* (Roman, 1999) – *Die Eisenberg-Konstante* (Fünf phantastische Erzählungen, 2001).

Im Verlag Zweitausendeins bisher erschienen bisher:
Aus der Welt der Menschen (Gesammelte Prosa & Bildergeschichten, 2001; Neuausgabe 2002) – *Die Durchführung des Luftraums* (Neue Kurzprosa, 2002) – *Harry Rowohlt liest »Aus dem Tagebuch eines Trinkers« und andere Texte von Eugen Egner* (Hörbuch-CD unter Mitwirkung des Autors, 2002). Weitere Werke sind in Vorbereitung.

Ersterscheinungsdaten

Das Gesicht
Im Magazin für jede Art von Literatur *Der Rabe,* Nr. 22, Zürich: Haffmans 1988.

Aus dem Tagebuch eines Trinkers
Eine kürzere Fassung in: *Der Rabe*, Nr. 24, Haffmans 1989; erweiterte Buchfassung: Haffmans 1991.

Der große Rennschwindel
In: *Der Rabe,* Nr. 28, Haffmans 1990.

Eine irdische Begebenheit
In: *Der Rabe,* Nr. 30, Haffmans 1991.

Abendgesellschaft bei Pater Hunnickel
In: Eugen Egner, *Meisterwerke der grauen Periode,* Weisser Stein 1992.

Die Tagebücher des W. A. Mozart
Eine kürzere Fassung ohne Mozarts Originalillustrationen in: *Der Raben-Kalender für jeden Tag im Jahr 1998;* erweiterte Buchfassung: Haffmans 1998.

Alle übrigen Geschichten in Buchform zuerst in:
Eugen Egner, *Als der Weihnachtsmann eine Frau war,* Haffmans 1992.

Sämtliche Texte wurden für diese Neuausgabe vom Autor durchgesehen und hie und da verbessert.

Die beigelegte, vom Autor handsignierte Grafik wird hier erstveröffentlicht. Jeder neuen Auflage wird eine neue erstveröffentlichte Grafik beigelegt.